人格力

優しさと
厳しさの
リーダーシップ

The Power of Character

Ryuho Okawa
大川隆法

まえがき

本書は、月刊『ザ・リバティ』に連載《れんさい》した私の論稿《ろんこう》をとりまとめたものである。ビジネスマンたちに役立つことを念頭《ねんとう》に置きながら、宗教的な深みも忘れないように書かれている。

仏陀《ぶっだ》が現代のビジネスマンの悩《なや》みに答えたなら、こういう内容になるだろう。

本書のもつもう一つの面は、リーダー論である。リーダーになるべき人の心構えや、リーダーとして受けて立つべき責任論について数多く述べられている。

もともと資源に乏《とぼ》しく、それでも敗戦後に高度成長した日本である。その日本が今では二十年以上、停滞《ていたい》し続けている。人材あるいは人財という資源が不足していると思われる。本書『人格力』には、もう一度この国を成長させ、世界のリーダーに変換《へんかん》させるための「秘術」が、しっかりと書き込《こ》まれていると言えよう。

二〇一八年　五月二十三日

幸福《こうふく》の科学《かがく》グループ創始者兼総裁《そうししゃけんそうさい》　大川隆法《おおかわりゅうほう》

人格力　目次

第1章　情報洪水《こうずい》から智慧《ちえ》をつかみ出す習慣

第2章 チームで成果を出すための人間関係学

第3章 リーダーをつくる心の鍛練《たんれん》法
──『感化力』講義

第4章 無限の富を生み続けるリーダーの思考

未来を創る言葉

「徳あるリーダー」を目指して

これからのリーダーは、心というものを、
心の世界を知らずしてリーダーたることは許されないということなのであります。

経営者たる者の器《うつわ》、リーダーたる者の器、
その器をつくっていくための資格条件としての「徳」という言葉が使われます。
この徳という言葉は古い言葉にもなりました。
現代的にはなかなか理解がされなくなっています。

しかし、徳なるものは必ずある。

それをみなさんに、今、分かるようなかたちでご説明するとするならば、
自分が生きてきた時間のなかで、
他の人の幸福のことを考えた時間が
はるかに多い人のことを「徳ある人」と言うのです。

徳がある人というのは、他の人々への
愛の思いを持ち続けてきた人のことを言うのです。

その心の内は分かりません。
地上を去った世界ではガラス張りです。
すべての人の心の内は分かりますが、

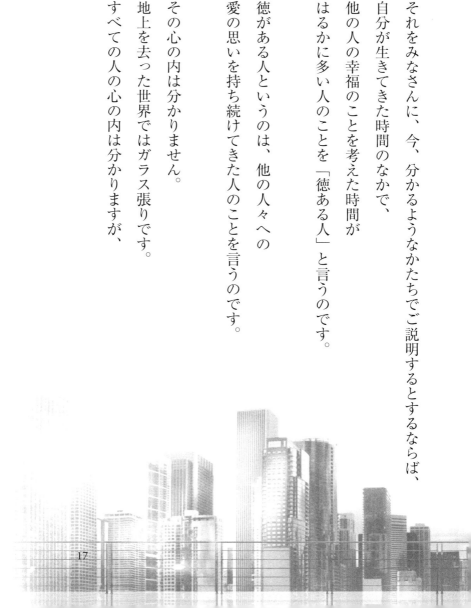

この地上の世界ではいかんせん分かりません。
分かりませんが、確かに、みなさんが胸の内で思い続けてきた内容は、
これはみなさん自身の魂《たましい》の光として現れてくるのであります。
徳とはそういうものなのです。

徳とは、確かに、つかみ出し、
見せるようなものではありませんが、
「いかに多くの時間、自《みずか》らの利益にかかわりなく、
自らの名誉心《めいよしん》にかかわりなく、自らの自己保身にかかわりなく、
他の人々への愛の思いを抱《いだ》いたか」、
「他の人々を幸福にしようとする思いでその時間を埋《う》めていったか」、
この総量が徳となって現れてきます。

どれだけ多く他の人のことを思ってきたか。
生かす方向で、許す方向で、慈《いつく》しむ方向で、
どれだけ他の人々のことを考えてきたか。これが徳なのです。

徳とは、心のなかに蓄《たくわ》えられた叡智《えいち》でもありましょう。
愛というものが珠玉《しゅぎょく》のものとなって固まり、
結晶《けっしょう》していったときに、それが徳となるでしょう。

――『大川隆法　初期重要講演集　ベストセレクション②』より

第1章

情報洪水《こうずい》から智慧《ちえ》をつかみ出す習慣

1　将来の夢を描《えが》く方法

Q 自分や友人、家族、周りの人々の成功や幸福について非常に狭《せま》い範囲《はんい》で考えてしまいがちな人が、世界により大きな幸福をもたらすような、大きな夢を持つためにはどうすればよいのでしょうか。

※英語で行われた質疑応答を和訳したものです。

二十四時間を使って、どう生きるかを考える

実を言えば、大きな夢を持つには、少し才能が必要です。もし、あなたが自分のなかに大きな夢を描《えが》くことができないならば、それはあなたの天分に関係

があるのだと思います。ですから、自分の未来について思慧《しえ》する時間が少しでもあれば、できるかぎり素晴《すば》らしい夢を描いてください。そして、それを何度も描いてみてください。

もし、天上界《てんじょうかい》からアイデアやインスピレーションが何も得られない場合は、まずは、最初の一歩として小さな夢について考えてください。この小さな夢とは、自分自身の人生をつくり直し、再建するための小さな計画のことです。つまり、今週、あるいは、今日一日の計画です。そのようにすれば、誰《だれ》であっても夢を持つことができるのです。

その夢が小さいか大きいかについては、それぞれの状況《じょうきょう》にもよるでしょう。しかし、すべての人が、日々の生活における小さな夢を持たなければなりません。その日々の計画が、未来に向けてのとてもよい足がかりとなります。

世界の歴史に名を遺《のこ》している人は誰でも、自《みずか》らの一日、日々の時間を可能なかぎり有効に使っていたのです。

つまり、「二十四時間を使ってどう生きるか（How《ハウ》 to《トゥ》 live《リブ》 by《バイ》 twenty-four《トゥウェンティフォー》 hours《アワーズ》)」が問題なのです。二十四時間のなかをどう生きるのか（live in twenty-four hours）ではなくて、二十四時間をどのように生かすかということです。それが、成功するか否《いな》かを決めるのです。

あなたがたはみな、毎日二十四時間のなかを生きてはいますが、「二十四時間を使って生きている」と、考え方を変えるべきです。

毎日、毎時間、毎分、毎秒をいかに生きるか

「二十四時間を使って生きる」ということは、二十四時間でいかに勝利するか、二十四時間で、いかにして自分の人生にとってのウイニング・ショットを打てばよいかを考えるということです。こうしているうちに、「どうすれば豊

かになれるか」を見いだせるでしょう。つまり、精神的な意味において、一日を使って、あるいは一時間を使って、より豊かに、より裕福《ゆうふく》になっていくことができるということです。

ですから、まずは小さな夢から考えてください。そのときに、小さな意味においてですが、目覚めたる者になれるのだと思います。ですから、一時間でどう生きるか、二十四時間でどう生きるか、このことについて考えてください。それが出発点です。もし、あなたに才能があるようでしたら、未来の日々について熟考してください。それは、あなたの天分次第《しだい》であり、神の意志次第だと思います。

しかし、誰もが、毎日、毎時間、毎分、毎秒をいかに生きるか、この一秒をどう生きるか、一分をどう生きるか、一時間をどう生きるか、二十四時間をどう生きるか、こうしたことについて考えなければなりません。それが、天国へと向かう成功の道です。私はそのように思います。

2　意志が弱いからこそ習慣をつくる

Q

個人の能力を伸《の》ばしていくためには「よき習慣」が必要だと思います。自分で決めた習慣を守り抜《ぬ》くために、日々、どういうことを心掛《こころが》けていけばよいのでしょうか。

頭のよし悪《あ》しは「結果論」

若い人、特に学生の場合、「人生は結局、才能で決まる」と思うこともあるでしょう。最近は遺伝学も進んでいるので、「遺伝子で決まっているのではないか」とか、両親を見て「これはもう駄目《だめ》だろう」「よその両親は偉《えら》そうだけど、うちは駄目だ」「とてもではないけれども、出世の見込《みこ》みはない」などと、いろいろと感じるところもあると思います。

ただ、遺伝学にもよし悪《あ》しがあります。それは「魂《たましい》」の部分を考慮《こうりょ》していないからです。だから、両親の遺伝が出るかどうかということだけを考えているのかもしれません。

しかし実際には、きょうだいでも違《ちが》いがあるでしょう。同じ両親から生まれても、きょうだいに違いがあることから、遺伝だけで人生は決まらないことが分かります。「魂」の問題があるのだということは、一つ知っておいたほうがいいでしょう。

生まれつきの才能で全部が決まるような考え方を持っているなら、そう考えないほうが幸福だろうと思います。もちろん、才能に溢《あふ》れて困っている人は別です。そういう方は、「才能があるから、私はこれができるんだ」と信じたほうがいいと思います。けれども、一般《いっぱん》の方は、おそらくそうではないでしょう。

頭がいいか悪いかなどというのは、本当はあまり分からないことで、結局は結果論なのです。例えば、医者や弁護士になると、「頭がよかったんだね」などと言われることはありますが、その前の段階では、同じ人間だと思われています。医者や弁護士になる前には、「頭がよい」と言われないこともありますが、いざ、なったあとには、「頭がよい」と言われます。このようにけっこう、結果論で評価されることがあることは知っておいていただきたいと思います。

習慣を成果に結びつける

どうしたら優秀《ゆうしゅう》になれるかということですけれども、今、あなたは「習慣」という言葉を出されました。

昨日《きのう》私は、このことについてスタッフと話をしていました。私は自分について、「やはり、習慣が仕事をしている」と言っていたのですが、スタッフは「先生はすごく意志が強いですから」と言うのです。けれども私は、「何を言っているのか。意志が弱いから習慣をつくっているんじゃないか」と答えたのです。

「意志が強かったら習慣など要《い》らない。意志でやるならやり抜けばいい。意志が弱いからこそ、習慣をつくって、毎日毎日やり続けていくうちに、成果があがってくるんじゃないか」と答えたのです。

意志の強さだけで、一千六百冊の本など出せません（注。説法《せっぽう》当時。二〇二三年八月時点で著書は三千百冊を超《こ》える）。出そうと思って出せるものではないのです。発奮して出し始めても、すぐに力尽《つ》きます。ですから、これは意志の力ではなくて、私の習慣の力なのです。仕事の仕方を組み立てて習慣をつくり、毎日、同じようにその習慣を守っていくことで、成果が出続けているわけです。

例えば、この説法は今年（二〇一四年）百何本目かのものだと思います。このペースだと、週に三本や四本は話していることになるはずです。それを習慣にしていけば、気がつくと、一年間に百冊ぐらいの本を出せる内容ができているということです。

それは、頭のよさとは関係がありません。頭のよい人でも、本が書けない人はたくさんいます。「勉強中」とか「調査中」とか、「資料を集めている」「分《ぶん》析《せき》している」などと言い訳や先延ばしをして、成果を生まない人がたくさんいます。やはり、「成果に結びつける習慣を持っている」ということが非常に大事です。やったことは、きちんと成果に結びつけることが大事なのです。

付加価値が何倍にも広がる仕事法

この前、御生誕祭《ごせいたんさい》の講演会に参加された方の感想を読んでいました。すると、外部から参加された人の感想のなかに、「私の仕事は、人前で話すことです」という内容の話を私がしたことについて、「驚《おどろ》きました」と書いたものがあったのです。しかし私には、一体何が驚きなのか分かりませんでした。

その人にとっては、人前で話をすることを仕事とは思えなかったのでしょう。「仕事」というのは、会社の実務のように電話をかけたり、書類を書いたり、表をつくったりという手仕事のことを言うのであって、話をするのは仕事とは思っていなかったのだろうと思うのです。「私の仕事は話をすること」と言ったことに驚いたという感想に、こちらのほうが驚きました。

ただ、小学校、中学校の先生が朝礼で話しているような「話」とは、一緒《いっしょ》ではないかもしれません。私の説法は衛星放送で各地に中継《ちゅうけい》されていますけれども、そのあとはＤＶＤや書籍《しょせき》になります。書籍が出たら広告を打ち、それが教団の教えを広く知らしめることになります。また、外国語にも訳されます。さらに、書籍を使って全国、全世界の弟子《でし》たちがセミナーや研修を行うことができます。

このように、一度の話を何重にも使えるようにして、それらが付加価値を生んでいくような仕事の仕方をしています。

話している時間自体は、今日も一時間程度でしょう。けれども、この一時間の仕事が、何重にも広がっていくわけです。一対一で話しているのに比べると、何万倍にも、何十万倍にも広がっていく。これを「仕事」だと言っているわけなのです。

内部的にはたいへん恥《は》ずかしい話ではあるのですが、幹部との会議はしばらくやっていないような気がします。その代わり、毎日のように説法をして、質疑応答もやり、その内容を多くの方々に公開しているのです。教団全体で、ほぼ同じような情報が入る状態になるようにしています。幹部と何時間話しても、結局、その一部しか伝わらず、時間がもったいないので、なるべく公開の場で話すようにしているのです。

習慣があれば「複線型」の仕事もできる

どうか、才能などに劣等《れっとう》感を持たず、よき習慣をつくることを心掛けてください。習慣になれば、自然にできるようになります。日が昇《のぼ》ったら目が覚める、お昼が来たらご飯《はん》が食べたくなるように、仕事でも、時間になったらこういうことがしたくなる。勉強でも、時間になったらこれを勉強したくなるというように日々の習慣をつくって、コンスタントに続けていくことです。するとだんだん、仕事が積み重なっていって、大を成すことができるようになります。

自分のやったことが仕事と言えるためには、何らかの成果につながる、あるいは生産性を高めることにつながることが大事です。ただただ時間を潰《つぶ》しているなら駄目です。

本を読むにしても、本を読んで時間を潰しているだけだったら、ほとんど意味はないわけです。漫然《まんぜん》と、将来のために勉強しているとか、将来の仕事のために読んでいるということもあるかもしれません。それでもやはり、必ず何らかの成果につなげていこうと努力することが大事です。

そういう考えを持ち、習慣をつくっていくと、複線で走りながらいろいろなことが積み重なっていって、大きな仕事ができるようになります。結果的には、あなたが生まれつきどうであったかは別にして、優《すぐ》れた人として業績をあげることになると思います。

もちろん、かつての偉人《いじん》を見ても、志《こころざし》は必要だと思います。志、情熱がなければ駄目ですが、それに加えてみなやはり、よき習慣をつくっているはずです。勤勉に働く人は、必ず習慣ができているのです。そして、その習慣を成果に結びつけていく努力があったと思うのです。

習慣を成果に結びつけるということを極《きわ》めて簡単なことのように思い、サラッと読み流して頭に残っていない方も多いので、どうか、そのあたりをよく理解していただければ幸いです。

私は、意志が強いなどと思ったこともありません。習慣的に、演壇《えんだん》に上がったら話しているだけです。

普通《ふつう》の人なら、カラオケで歌わないとたまらなくなるのでしょうか。私は、カラオケで歌う代わりに、みなさんの前で話をしないと生きている感じがしないので、話をしています。カラオケボックスで、趣味《しゅみ》で演歌を歌っていても、それだけでは一円も価値を生みません。そのような習慣の代わりに、「人前で話す」という違う習慣を持っているわけです。

もちろんプレッシャーはかかりますけれども、そのためには日ごろから準備をしておくことが大事です。そして、勉強したことを、きちんと外に吐《は》き出して、成果にして固めていくことです。

ただ勉強をし続けるだけでは駄目です。一年間、勉強だけを続けていると、何も言えなくなってしまいます。一時間で話そうとしても、言えないのです。ですから私は、勉強して学んだことを一つひとつ話して、惜《お》しみなく出していきます。話したことは全部、本やＣＤ、ＤＶＤで残っているので、記憶《きおく》する必要はありません。気にしないで、どんどん積み重ねていくというかたちでやっています。

そうすると、今度は弟子のほうに、その内容や教義を整理したり、教えを分かりやすく解説したりする二次的な仕事が生まれているという状況《じょうきょう》になります。

習慣は才能や意志を超《こ》える力

やはり、才能や強い意志の力も要《い》るとは思いますが、最終的に、習慣の力には、才能や意志を超《こ》えるものがあるような気がします。

習慣を身につけるには、「禁煙《きんえん》」などと壁《かべ》に貼《は》って、ただただ睨《にら》み続けるということだけでは十分ではありません。できれば、生産的な方向で習慣を身につけることです。

例えば、英語ができないと思って悩《なや》んでいるよりも、毎日毎日、どこかで英語の勉強を続ける習慣をつくることのほうが大事です。毎日、同じ電車やバスに乗るという習慣があるなら、そこで英語の勉強をする習慣をつけてしまえば、一年中勉強し続けることができます。そうすると、気がつけば学力がついているということがあるわけです。これを大事にしてください。

そうすれば、北海道の人であろうが、東京の人であろうが、住んでいる場所は関係なく、結果が出てくるようになります。嘘《うそ》だと思わないで、信じたほうがよい結果に結びつくでしょう。

3　自家発電できる自分になるには

Q

私は、大きな目標を掲《かか》げて、その目標を突破《とっぱ》できるように努力したいと考えています。しかしそのためには、一度本気になって終わりではなく、本気さを持続させなければならないと思います。そのための秘訣《ひけつ》は何でしょうか。

「言い訳する癖《くせ》」と戦う

それは、一言《ひとこと》で申し上げますと、「言い訳との戦い」です。やはり、人間は弱いもので、すぐにできない言い訳を考えてしまいます。

例えば、自分の頭のせいにします。「頭が悪いから」「勉強ができなかったから」とか、「学歴が足りないからだ」とか、頭のせいにするわけです。

次は年齢《ねんれい》のせいにします。「年を取りすぎた」とか、「若すぎるからだ」とか、年齢のせいにするのです。あるいは、「仕事がこういう状態だからだ」などと言って仕事のせいにします。さらには、「日本人だからできないのだ」と、自分が日本人であるせいにします。それから、「健康の具合が悪い」とか、「今日はどうも気分が優《すぐ》れない」とか、「体調が悪い」など、できない理由はいくらでもあります。

このように、言い訳がたくさんあるのです。何事も成し遂《と》げられない人は、やはり言い訳が実にたくさん出てくるのです。聞けば聞くほど出てきます。けれども、世の中の大事な仕事の八割以上は、体調の悪いなかで成し遂げられています。八割以上は、何か体調が悪いのを押《お》してやっている人たちが成し遂げている仕事なのです。だからそれを言い訳にしてはいけないのです。

まずは、「言い訳廃止《はいし》」ということを貼《は》り紙にしておいたらよいと思います。まず、できない言い訳が出てきますから、それとの戦いがあります。言い訳の癖《くせ》をやめて戦うことが大切です。

やる気を〝自家発電〟することが「努力の天才」への道

次に、〝自家発電〟をして戦うことが大切です。自家発電ができるようになる、つまり、自分で自分のやる気を出す、というのは難しいことです。人に檄《げき》を飛ばされてやる気を出し、張り切るというのは簡単です。しかし、叱《しか》られなくても自家発電するのは大事です。自家発電ができるようになったら、これは「努力の天才」への道が開けます。

ですから、言い訳を廃止して自家発電ができる自分をつくることです。努力の天才はここから始まります。

努力の天才型の人はみな、できない言い訳をなくします。次は自分で発奮し、自分を励《はげ》まして、「他の人に任せたら駄目《だめ》だ」「自分がやらなくてどうするか」と、自分でやる気になるのです。そのときに、体調のせいや天気のせい、親のせいや景気のせいなど、いろいろなもののせいにしないことが大事です。

それさえ守っていれば、必ず本気度が出てくると思います。そのことは言っておきたいと思います。特に若い人に言っておきたいのですが、若くて言い訳が多い人は特によろしくありません。年を取ったら言い訳が増えてくるのですけれども、できるだけ言い訳と戦わなければいけません。

できない理由など、世の中には山のようにあるのです。諦《あきら》める理由だって、山のようにありますし、困難な理由も山のようにあります。でも、それでは何も進まないので、やはり、どんなにコンディションが悪くても、どんなに困難な事情があっても、いつも、何とかできないかを前向きに考えることが大事です。

ですから、本気さを持続させるためには、言い訳を排《はい》し、自家発電する努力をすることが大事です。それだけでよいのです。

4 「情報」を「智慧《ちえ》」に変えるには

Q
『未来の法』（幸福の科学出版刊）の第4章には、「情報の組み立て方、使い方に熟練すると、知識として完成する」とあります。これについては、幸福の科学で教えている「信仰《しんこう》」や「愛」との関係をどのように考えればよいのでしょうか。

「情報の取捨選択《しゅしゃせんたく》」と、「異質なものの結合」が智慧を生む

この世の中に情報は溢《あふ》れていますので、情報を集めるだけでは、現代では知識人にも教養人にもなれません。ある意味では、自分の持ち時間が全部なくなってしまうぐらいの情報の山です。それに、朝に読んでも、夕方や夜にはもう

要《い》らないような情報もたくさんあります。やはり取捨選択《しゅしゃせんたく》が非常に大事です。「重要な情報は何であるか」を選《え》り分けていく必要があると思います。これが基本です。

とにかく、時間を奪《うば》おうとするものがたくさんやってくるので、そのなかから、時間を取られないようにしながら、重要なものをいかに抜《ぬ》き出していくかが大事です。これには創意工夫《そういくふう》が必要です。オーソドックスなことをやりすぎたら駄目《だめ》になるので、いかに重要な情報だけを取るか、ということが一つあります。

それから、ワンパターンの情報だけでは役に立たないこともあります。ある情報を、別の種類の情報、要するに別業界や別の学問ジャンルの重要な情報と結びつけると、「異質なものの結合」が起きて、これが創造、クリエイションにつながるということは、「創造学」では繰《く》り返し言われています。

「創造」のためには、まったく新しいことを思いつこうとばかり考えていては駄目なのです。そんなに毎日、インスピレーションばかり出てきたりはしません。

例えば、政治なら政治の分野で、重要な情報を追い求めているとします。その上で経営など別の分野で重要な情報を集めていると、それぞれの重要な情報同士が、カチンカチンと火花を散らすように合うときがあって、「ああ、これを政治に生かすとこういうことができるな」というように、結びついてくることがあります。これが新発明になり、新しい価値を生み出すわけです。

例えば、「経営者なら、当然こういうときはこうする」ということでも、政治家は、国家財政は企業《きぎょう》経営とは全然違《ちが》うものだと思っていることがあります。そこで、両者の考え方をうまく合わせると新しいやり方を思いつくでしょう。これが新しい価値を生むのです。「次の仕事の種になるような智慧《ちえ》を生み出すことによって、未来は、もっともっと拓《ひら》けていきますよ」というのが、『未来の法』（前掲《ぜんけい》）に書いてあることの趣旨《しゅし》です。

信仰《しんこう》や愛を持つ人が正しい方向の未来を拓《ひら》く

これを、「信仰《しんこう》」や「愛」と結びつけるとどうなるでしょうか。

要するに、「異質な情報の結合によって新しい智慧を生み出す」というのが創造学の基本で、これは文系でも理系でも共通しています。

それに「信仰」と「愛」が加われば、創造が、「神様が考えているユートピアづくりの方向」へまっすぐ向いていくのです。

もちろん、悪魔《あくま》の考える創造もありえるわけです。情報を組み合わせて、「敵のここが弱い。ここを攻《せ》めればいい」と、国を悪くし、世界を悪くする発明だって、当然ありえます。創造自体は、どちらにでも働きますが、「信仰」

や「愛」によって、正しい方向の未来が拓《ひら》けていくと言えるのではないかと思います。ですから、「信仰」や「愛」を持っている者が、新しい付加価値をつくり出そうと考えることが大事です。

幸福の科学は宗教ですが、いわゆる「宗教」を超《こ》えた活動をしているところもあります。全体としては社会啓蒙《けいもう》運動をやっているように見られているところが、そうとうあります。それは、いろんなジャンルについて、たくさんの意見を言っているからです。いろいろ重要な情報を結びつけることによって、新しい価値を生んでいるのです。それが大事なところで、他の宗教にはできていないけれども、うちはやっているところなのです。幸福の科学は、現代的な問題にいくらでも答えています。けれども、昔からのお経《きょう》だけに頼《たよ》っている宗教だったら、何も言えないことがあります。

例えば、原子力発電の問題については、過去のお経には、「大蔵経《だいぞうきょう》」にだって書いてありません。私は二千六百年前に仏陀《ぶっだ》として生まれたときに、そんなことを説いた覚えはないし、当然お経にも書いてありません（『太陽の法』〔幸福の科学出版刊〕等参照）。現代の新しい問題に答えるには、厳選された情報を他の知識と突《つ》き合わせながら、どうなるかを考えていけばいいわけです。

オスプレイ反対運動や脱《だつ》原発の動きをどう見るか

沖縄《おきなわ》では米軍のオスプレイが問題になっていますが、単にオスプレイが落ちたか落ちないかの問題だけで、「反対」や「賛成」と言っています。けれども、朝鮮《ちょうせん》半島や中国での有事のときに、邦人《ほうじん》輸送、あるいは、アメリカ人の輸送に使えるという観点から導入しようとしていることは、公式には報道していません。

こういうことを、ちゃんと知っているかどうかが問題になるのです。情報と情報とを結びつけると、オスプレイを入れようとしている意味が分かります。するとと、「これは絶対、反対のほうに回ってはいけない」という結論が出てくるわけです。

知らない人は、単に反対していて、「オスプレイの安全性をもっと確かめなければいけない」などと言います。しかし、日本人を含《ふく》めて救助のために導入しようとしているし、それこそ本当に、安全性を高めるためにやろうとしていることですけれども、この点は軍事機密だから言えないのです。

アメリカは、もし朝鮮半島や中国で有事が起きたときに、「これくらいの人を避難《ひなん》させなければいけない」など、実はもう避難計画までつくっているのです。そのためにオスプレイを入れておかないと間に合わないので、無理やりでも押《お》し込《こ》んでいます。当然、ここまで考えているのです。

けれども、どのくらいの速度で避難させられるかということは、「秘密情報」

です。秘密にしないと、戦争になったときに人質《ひとじち》にされてしまい、アルジェリアで起きた事件（＊）のようなことになってしまいます。そうならないように、いち早く避難させなければいけません。「アメリカ人や日本人をどうやって避難させ、それにはどのくらいの時間がかかるか」というのを計算した上でないと、戦争などできません。それを知らないで外交だけでできると思ったら、大間違いです。

このような軍事知識も勉強しておくと、情報と情報とが結びついてきて、他の人が考えていないような結論が見えてきます。そのときは理解されなくても、何年かすると、「やはり、そうせざるをえなかったのだ」ということになってくるのです。これが、先見性になることもあるわけです。

まずは異質な情報に接しながら、大事なものを選り出していくことが大事です。それらを結びつけることによって「新しい智慧」が生まれ、「新しい仕事」

（＊）2013年1月にアルジェリアの天然ガス関連施設で起きた人質事件。アルカイダ系武装組織が施設作業員約40人を人質に取り、その多くは亡くなった。

も生まれてくる。これが未来をつくる力になります。そして、基本的に「信仰」や「愛」を持っている人が、未来をつくるためにそういうことをすると、よい方向に社会が動いていくようになるということです。

二〇一一年の東日本大震災《だいしんさい》後、脱《だつ》原発運動に参加していた人のなかでも、「脱原発で電気料金が上がり、日本の貿易赤字が増え、生活が苦しくなるということまで考えているのですか?」という問いに答えられた人はほとんどいなかったはずです。

もっとひどいことに、テレビ番組で、ある新聞の編集委員が、「(東日本大震災では)原発が爆発《ばくはつ》して、二万人死んだ」とも取れるような言い方をしているのを聞きました。津波《つなみ》があったことを、もう忘れたのでしょうか。原発問題ばかりを報じているうちに、いつの間にか勘違《かんちが》いしてきて、原発事故で二万人死んだとでもいうような話にすり替《か》わってきているのです。こうなることもあるわけです。

とにかく情報は溢れていますけれども、ただ氾濫《はんらん》させればいいわけではありません。やはり、そのなかから大事な砂金の部分をきちっと取り出していき、さらに、有用な仕事や活動の材料をつくり出していくことです。そして、未来にとってプラスのことを押し出していくことが大事です。

当会がつくった映画（＊）のＤＶＤを家で観《み》ましたが、二〇一二年に日本全国で公開された時点では、あの映画で訴《うった》えていることについて、ほとんどの人は分からなかったのだろうし、マスコミも全部は分からなかったのだろうと思います。二〇一三年には中国の人民解放軍幹部から、「戦争が始まったら東京を空爆することを考えないといけない」などと言われて、震《ふる》え上がっているような状況《じょうきょう》でした。

映画では空想に見えたのでしょうが、空想でも何でもなくて、そこにある現

（＊）日本がアジアの独裁国家に占領され、信教の自由や言論の自由などが失われる姿を描いた映画のこと。

実だったわけです。そういうものを見破るには、確実な「情報見積もり」をして、基本的なところを押さえて予想しているかどうかなのです。私も、〝人間国防総省〟みたいなところもあるので（会場笑）、分かってしまうのです。

勉強を重ね、世界の人々に幸福をもたらす人材に

幸福の科学は〝単なる宗教〟ではありません。とにかく、みなの幸福、国民の幸福から、世界の人々の本当の幸福につながる方向へと導いていきたいと思います。途中《とちゅう》の計画は十分分からないところもあるかもしれませんけれども、そこのところを信じてもらうのが、信仰ではないかと思います。

先ほども言ったように、「機密情報」については「なぜか」ということが、しばらく言えないこともあるのです。

アメリカのほうは、今朝《けさ》（二〇一三年三月十七日）の新聞を見たら、「アラ

スカに迎撃《げいげき》用のミサイルを十四基つくる」と言っていました。アメリカでさえ、北朝鮮からの核《かく》ミサイルの防衛のために、アラスカにまで基地を置こうとしているわけです。こうした現実が迫《せま》っているのです。

そのなかで、日本がこれから、国会でダラダラと何年も議論していたら、危険な国から先制攻撃《こうげき》を受けてしまう可能性もあります。ですから、今からであれば、ある程度、秘密裡《り》に研究しなければ危ない段階に入っていると考えます（注。その後、二〇一六年二月の法話《ほうわ》で、日本の核装備の必要性について言及《げんきゅう》した。『世界を導く日本の正義』〔幸福の科学出版刊〕参照）。

勉強は、とても大事なことです。万巻《まんがん》の書を読んで、千年後に名を遺《のこ》すような人間（千秋《せんしゅう》の人）にならなければ駄目《だめ》です。頑張《がんば》って勉強しましょう。

5　忙《いそが》しい人ほど孤独《こどく》の時間を持とう

Q

私は、政治活動など外向きの活動に燃えるときと、誰《だれ》とも話さず静かにしていたいときの両方があります。これは自分のなかにいる「魂《たましい》のきょうだい」の傾向《けいこう》性と、何か関係があるのでしょうか。

孤独の時間を持たない人は創造性が足りなくなる

人間の魂のなかには、基本的に、その両方の自分がいるのです。

経営者なども、孤独《こどく》の時間を持たないと、ある意味で、やはり駄目《だめ》なのです。

経営者は、いつも忙《いそが》しく働かなければいけないし、忙しくお客様のところを訪問しなければいけない。これは至上命題でしょうが、また逆に、エネルギーを充電《じゅうでん》しなければいけないのも事実です。

孤独の時間を持たない人は、やはり創造性が足りなくなってきます。インスピレーションが足りず、新しい製品や商売、サービスなど、いろいろなことを考える上で後れを取ります。非常に難しいのですが、静的な部分と行動的な面と、人間にはどうしても両方必要なのです。

私であっても、人前で話すこともありますが、普段《ふだん》は静かにしていることのほうが多いのです。そうした静かな時間のなかで思索《しさく》したり勉強したりしないと、智慧《ちえ》が生まれてこないのです。常に放電しているだけでは、智慧が生まれてきません。その静かな時間のなかで智慧を形成し、それを多くの人にお伝えするということをやっているわけです。

人間の魂《たましい》には「表に出ていない部分」がある

あなたは魂《たましい》のきょうだいの話もされました。これは理解されない人も多いかと思いますし、すぐに理解されなくてもいいのですが、人間には、表面意識と、自分の気づいていない潜在《せんざい》意識があるということは、心理学でもすでに認められていることです。その潜在意識層の中身を、幸福の科学は明らかにしたわけです。

潜在意識のなかに、自分自身の魂の片割れというか一部があります。要するに、魂のなかで、肉体に宿っている以

魂のきょうだいと守護霊のしくみ

原則として、魂は６人で一組になっている。
リーダー役の霊を「本体」、
ほかの５人を「分身」という。

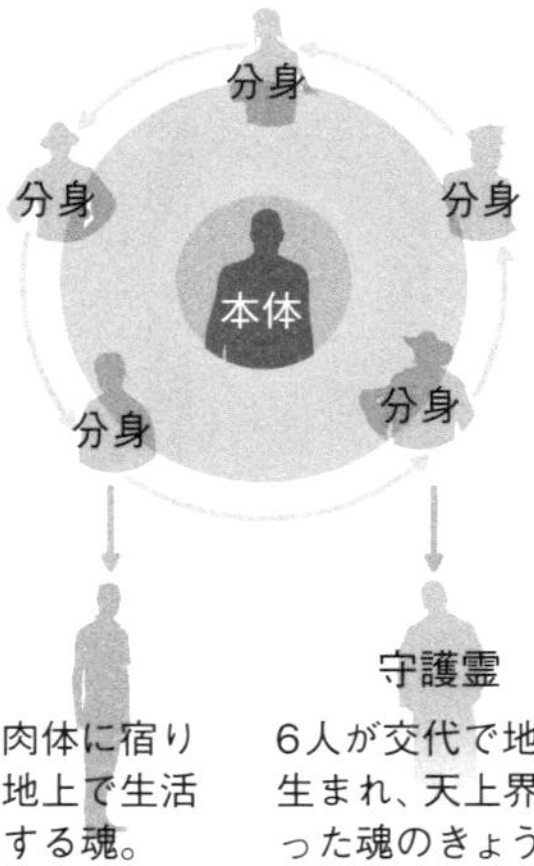

肉体に宿り地上で生活する魂。

６人が交代で地上に生まれ、天上界に残った魂のきょうだいの１人が、守護霊を務める。

外の部分ですね。

　簡単なたとえで言えば、魂のきょうだいというのは、サツマイモみたいなものです。サツマイモを抜《ぬ》いたら一本だけでなく、何本も抜けてくるでしょう。あれがサツマイモの正体です。「サツマイモは必ず一本単位で考えなければいけない」と決めつけるのは結構ですが、実際、抜いたら何本かついてくるでしょう。ジャガイモであっても、抜いたら何個か玉がついているものです。

　人間の魂もそういうふうになっていて、一本抜いたと思ったら、つまり一人だと思っていたら、実はほかにも何本か〝イモ〟がついています。これが実態であって、あなたの魂は、イモで言えば、何本かついているうちの一本です。この部分が今、地上で修行《しゅぎょう》中なのです。簡単に言えばそういうことです。

　そういう形態は、この世的にもありえるので、イメージとしては分かるのではないでしょうか。実態はそうなっていて、魂のきょうだいの部分は、科学的には、表に現れていない潜在意識だと言われています。

潜在意識を活性化させて智慧《ちえ》を得る

あなたの魂は、そういう他の部分につながっています。そして、あなたが意識していない部分、表に出ていない部分も、実は、今の職業を持っているあなた自身にいろいろな影響《えいきょう》を与《あた》えているところがあるのです。

その潜在意識の部分を発掘《はっくつ》し、明らかにしていく、あるいは、その声を聞き、影響を受けるようにすることが、幸福の科学の精舎研修等で開発される能力なのです。いろいろな精舎で瞑想《めいそう》修行等をしていると、そうした〝土のなかに埋《う》もれている部分〟が出てきて、活性化し、本人にいろいろと影響を与えやすくなってきます。

例えば、あなたが道を間違《まちが》っているようであったら、インスピレーションというかたちで、「こっちに行きなさい」と教えてくれることもあるし、「この人は、あなたにとって非常に重要な人だから、大事にしなければいけない」というようなことを、それとなく教えてくれることもある。そういうことが数多くなってきます。それが、精舎修行等が必要な理由です。精舎修行も含《ふく》めて、静かな時間のなかで一種の智慧《ちえ》を拡大することは、可能かと思います。

幸福実現党は日本の〝ノアの箱舟《はこぶね》〟

それから、幸福実現党の政治運動については、世間《せけん》から、まだそう簡単には理解されないと思います。日本のマスコミ等も非常に臆病《おくびょう》で、幸福実現党のことを伝えないように努力していますが、幸福実現党は次第《しだい》に必要になってくるだろうと思います。

二〇〇九年は、自民党が、再起するのが大変な状態でしたし、民主党（当時）も、期待はされていたけれども、だんだん危なくなっていきそうな感じでした。「そのあと、どうする」となったときに困るでしょうと私は考え、政党を旗揚《はたあ》げして準備しているので、何らかのお助けをするつもりです。

幸福実現党は〝ノアの箱舟《はこぶね》〟です。日本人が漂流《ひょうりゅう》するときにお救いするのが幸福実現党であり、その箱舟を今つくっているところなのです。大きめの船をつくらないと乗せられないので、若干《じゃっかん》まだ完成していませんが、万一《まんいっ》のときには、みなさんをお救いするつもりで、日夜、精進《しょうじん》しています。

本当は、政党の違いや考え方の違いは、私はそれほど気にしてはいないのです。困った人がいたら助けたいだけのことなのです。ただ、既成《きせい》の政党では考え方が固定化しすぎている面もあるでしょうから、「足りないところは私たちがお助けしなければいけないのではないか」と思い、今、トンカントンカンと箱舟をつくっているところです。世間は、「まだ水も見えないのに、陸の上で船をつくって何をしているのか」と見ているであろうと思いますが、洪水《こうずい》が来たときに、その船が必要なことがやがて分かるでしょう。必ずお役に立つときが来ると思います。そう信じて、今、いろいろなかたちでの努力をしています（注。幸福実現党が国防上の危機を訴《うった》えてきたとおり、北朝鮮《きたちょうせん》は核《かく》・ミサイル開発を続け、世界を揺《ゆ》さぶっている。中国も、覇権《はけん》拡大を目指し、日本の領海、領空への侵入《しんにゅう》を繰《く》り返し、経済圏構想《けいざいけん》「一帯一路《いったいいちろ》」を展開している）。

人間は、行動的になり積極的になる反面、そのための充電部分が必要です。すなわち、静かな時間や修行の機会を確保し、智慧を形成する努力が必要です。特に、忙しい人ほど、そうする必要があります。

智慧をつくってください。幸福の科学は智慧をつくるところであり、智慧の生産工場でもあります。新しい智慧やヒントを得て、人生を拓《ひら》くためのところでもあります。

今後のご活躍《かつやく》をお祈《いの》り申し上げますので、どうか頑張《がんば》ってください。

6　若手の経営者に必要な勉強とは

Q

私は、「世界的な企業《きぎょう》をつくり、ユートピア建設のために貢献《こうけん》したい」と本気で思い、同じ志《こころざし》を持った青年の仲間と一緒《いっしょ》に勉強しています。これから起業する者にとって偉大《いだい》な経営者となるために必要な心構えは何でしょうか。

「最初の十年」をどうサバイバルするか

あなたには、もう十分に志があるようです。今のあなたに必要なものは、やはり知識と経験の部分でしょう。

若い人には知識と経験がどうしても足りないのです。したがって、知識と経験を、ある程度、貪欲《どんよく》に身につけていくことが必要です。知識を蓄《たくわ》えるには勉強に勉強を続けなければいけませんし、経験の蓄積《ちくせき》にも時間がかかります。

企業が簡単に潰《つぶ》れなくなるまでには十年ぐらいを必要とします。

十年ぐらい経営を続けていると、企業には一通りのことが起きます。十年ぐらいの間には、経済の浮《う》き沈《しず》みがあり、企業にも、さまざまな事故や事件が起きるのです。

そのため、起業して最初の十年以内に、ほとんどの企業は潰れます。三年以内に潰れる新企業がいちばん多く、五年以内や十年以内で潰れるところもあり、新企業の大部分は十年以内に潰れるので、まず十年を乗り越《こ》えることが非常に大事です。

したがって、悠長《ゆうちょう》に構えていることはできません。「この十年を、どうやってサバイバルするか」ということを考えなければならないのです。

自分なりに勉強することはもちろん大事ですが、それと同時に、先輩《せんぱい》の意見をしっかりと聴《き》くことも大事です。十年以上も経営を続けている企業の経営者の意見は貴重です。そういう先輩は一通りのことを経験しているはずだからです。そのような耳学問を実践《じっせん》してみてください。

一定レベルの経営力を身につける早道とは

最近の若い人には、「理科系の技術を使って仕事をしよう」と思っている人も多いようですが、そういう人であっても、勉強の基本は、やはり書物です。勉強においては書物を無視しないでください。

今はインターネットが流行《はや》っていますが、そこにある情報は〝ガラクタの山〟でもあるので、気をつけないと時間の無駄《むだ》になってしまいます。

「一冊の書物を書き上げる」というのは大変なことです。調査や執筆《しっぴつ》に大量の時間がかかるので、それほど簡単には書物をつくれないのです。そのため、本当に大事な情報は書物のなかにあることが多いので、書物を大事にしてください。

経営の勉強においては、「優秀《ゆうしゅう》な経営者が書いたものを読む」ということが大切です。経営者として成功したかどうかが、まだ分からない人ではなく、経営に失敗せず、経営者として成功し、その仕事を〝満行《まんぎょう》〟した人が書いた経営書を読む努力をしてください。

新しい企業が潰れるのは、たいてい十年以内なので、起業家は、それまでの間は、ひたすら経営書を読み続けなければなりません。自分の専門分野についての勉強も必要ですが、専門に関係なく、どの業種であっても経営においては一定のレベルの実力が要求されるのです。

その実力を持たない経営者の企業は潰れます。「理系か文系か」「営業系か技術系か」などということが違《ちが》っていても、経営の仕事は同じなので、経営者に一定の実力がなければ企業は潰れるのです。

「経営力」というものは本当にあります。

受験勉強においては、学力によって大学入試のセンター試験などで順位がつくように、経営力にも、さまざまな段階があるのです。

経営力をつけようと思うならば、いちばん早いのは、やはり、成功した経営者の書いた経営書や自伝を数多く読むことです。これが、経営力をつけるための、いちばんの早道です。

そういう本はヒントの山であり、数多くのヒントが書かれています。どのような会社であっても、ほとんどの事件は十年以内に一通り起きるので、「他の会社が、それをどのように乗り越えてきたのか」ということを知れば、あなたは、その対策が打てるのです。

経営者の書いた経営書や自伝、経営学の本などを、頑張《がんば》って読むことです。一日に一冊ぐらいは読まなければ駄目です。その程度は読んでください。そうでなければ、新規企業は三年以内に潰れてしまうでしょう。

あなたの志はよいので、あとは勉強の中身だけを問いたいと思います。

第2章

チームで成果を出すための人間関係学

1　上司に対する不満を成果に変えるには

Q

商談などで相手を説得するとき、私はできるだけ景気のよい話をすることにしているのですが、問題はないでしょうか。また、上司から受けた指示でも、最良とは思えないものであるときには、どのように対処すればよいのでしょうか。

自分の実力を確かめながら話す

商談などにおいて、相手をしきりにほめたり、非常に景気のよいことを言ったりしていると、最初はわりにうまくいきます。しかし、しばらくすると、反作用が生じることがよくあります。

例えば、軽いノリで、「こうすれば商売が繁盛《はんじょう》します」などと言い、相手がその気になって実行したところ、うまくいかず、「あなたの言ったようにならないではないか。嘘《うそ》をついたのか」などと非難されることがあるのです。

このように、相手をほめて、いい気分にさせたり、耳当たりのよいことを言ったりすると、相手が誤解し、あとで大変なことになる場合があります。

ところが、言っている人に人間としての実力があると、不思議なことに相手が誤解しないのです。なぜなら、「この人は私を安心させようとして、こう言っているのだ」などと相手が感じるからです。

しかし、相手にそう思わせるところまで達していない人は、上滑《うわすべ》りする軽い調子で言ってしまい、あとで言葉尻《じり》を捉《とら》えられることがよくあるのです。

同じことを言っていても、言う人の実力によって、そういう違《ちが》いがあります。手段、方法はいろいろありますが、最後は人間の実力なのです。

実力さえあれば、どのような切り口からでも人を導けるものです。しかし、実力が足りない場合は、反作用のほうが大きくなります。

あくまでも、自分の実力を確かめながら話すことが大切です。

問題のある上司の指示への対処法

次に、上司から下りてくる指示に問題があるときの対処法についてですが、この場合、上司を露骨《ろこつ》に批判するのではなく、その指示のなかで知恵《ちえ》の足りない部分を自分できちんと補えばよいのです。

例えば、「上司は忙《いそが》しくて勉強が少し足りないのだろう」などと理解し、それを口には出さずに、「実はこういうことが言いたいのだろう」と上手に解釈《かいしゃく》するのです。

会社の仕事においては、上司の指示に知恵が足りない場合も確かにあるでしょう。しかし、その人の下に賢《かしこ》い部下がいると、それを十分に埋《う》めていきます。そういう部下は、上司が目指しているものをよく理解し、工夫《くふう》して成果を出していくのです。

部下には上司を〝教育〟する義務がある

上司の指示に問題がある場合、それは上司だけの責任ではありません。なぜなら、言葉はよくないかもしれませんが、部下には、情報を上司に上げ、上司を〝教育〟する義務があるからです。

部下にはそういう義務もあるので、上司を批判する前に、その義務を怠《おこた》っていないかどうかをよく考えなければいけません。

上司はいろいろなことを判断していますが、正しい情報を持っていれば、間違った判断をあまりしないものです。上司が判断を間違う場合には、情報不足が原因であることが多いのです。

したがって、部下は正しい情報を上司に上げていかなければなりません。それでこそ、正しい判断が返ってくるのです。

例えば、部長は、課長については情報をつかんでいても、課長より下の人については、直接には管理していないため、必ずしも情報をつかんでいないことがあります。

この場合、中間管理職である課長は、自分の部下の仕事に関して、的確な情報を部長に上げていくことが必要です。そうでなければ、下の実態をつかんでいないために、部長が間違った判断をすることもあります。

上の人が判断を間違わないようにするためには、情報に近い立場の人が、常日ごろ、その情報を上の人に上げておかなければいけないのです。

2　流す涙《なみだ》の分だけ、リーダーの器《うつわ》は大きくなる

Q

組織のリーダーをしていると、しばし孤独《こどく》に陥《おちい》り、人知れず涙《なみだ》することがあります。指導者のあるべき姿について教えてください。

「才能」「経験」「学問」という三つの基礎《きそ》

社会に出て仕事をしていくためには、まず、ある程度の才能が必要です。才能とは、向き不向きのことです。どの方向に強く才能を持っているかは、やはり人によって違《ちが》いがあります。

また、その才能が開花するためには経験が必要ですし、学問あるいは学習も

必要です。

「才能」「経験」「学問」の三つは、人生を生きていく上での大きな基礎《きそ》だと言えます。

そして、この三つが融合《ゆうごう》すると大きな力になります。そのとき、指導者が生まれるのです。

どのような分野であろうと、指導者として人を導くためには、この三つの面において、人より抜《ぬ》きん出ている必要があります。

最終判断には涙《なみだ》が伴《ともな》う

それでは、なぜ、指導者はその三つの面において抜きん出なくてはならないのでしょうか。

それは、トップに立つ者は孤独だからです。

これはどの世界においても同じです。小さな会社の社長であろうと、何万人もの社員を抱《かか》える会社の社長であろうと、トップというものは孤独です。総理大臣であっても、小さな組織の長であっても、トップはやはり孤独なのです。

そして、トップが孤独である理由は、自分が最終判断をしなければならないことにあります。

もちろん、最終判断をする前には、いろいろな人から意見を聞くことができます。しかも、それぞれの意見には、ある程度、参考になる部分が入っていきます。

このように、人の意見を聞くだけであれば、わりと楽なのですが、次に、それらの意見のなかで、採用するものとそうでないものとを選び取る行為《こうい》が必要になります。

最終的には、取るべきものを取り、捨てるべきものを捨てなければなりません。そうでないかぎり、決断は下せないのです。

実は、指導者の涙《なみだ》というものは、この最終判断の段階で流れることが多いのです。

会社などでは、部下たちから、彼らが「会社にとってよかれ」と思った意見が数多く上がってきます。しかし、全部の意見を取り上げるわけにはいかないので、最後は、幾《いく》つかの意見を捨てることになります。

このとき、指導者には、「意見を捨てられた人は、なぜ自分の意見が通らないのか、たぶん分からないだろうな。その人に理解してもらえないだろうな」という気持ちがあります。そのため、たとえようもない孤独感を感じ、涙が流れるのです。

しかし、指導者というものは、最終判断を避《さ》けるわけにはいかないのです。

指導者は先を見て行くべき方向を示せ

指導者には先見性が必要です。すなわち、その組織のなかでトップに立つ人が、最も先が見えていなければならないのです。

先が見えている人は、他の人々に対して、行くべき方向を示すとともに、違った方向を向いている意見があれば、それを捨てなければなりません。そのときには涙も流れます。

しかし、そうした涙を流すことで、指導者としての器《うつわ》は一回り大きくなります。「理解してもらえないことの孤独のなかで、決断を下していく」という行為を積み重ねることによって、指導力が増していくのです。

その意味で、「指導者として大きく成長していくためには、決断の際の涙を数多く流さなければならない」とも言えます。

立場が高くなればなるほど、偉大《いだい》なリーダーになればなるほど、そうした涙の量は多くなり、その質は深いものになっていくのです。

3 「攻《せ》めの人」と「守りの人」の生かし方

Q

部下のなかには、積極的なタイプもいれば、消極的なタイプもいます。消極型の人を積極型に変えることは、できるのでしょうか。

拡大機能は積極型の人に、チェック機能は消極型の人に

消極型の人を積極型に変えるのは、極《きわ》めて難しいところがあります。なぜなら、単に仕事に対する態度の問題だけであれば、変えるのは簡単なのですが、人間性というか、性格に根ざしている場合があるからです。その場合は、これを変えるのはかなり難しいことがあります。

こういう人は、はっきり言えば、引っ込み思案《こじあん》、臆病《おくびょう》、根暗《ねくら》なのです。このタイプを、例えばバリバリの営業マンに変えるには、かなりの根気が要《い》ります。

それでは、こういう人は、どのように使えばよいのでしょうか。

世の中には、バンバン攻《せ》めるのが好きな外向きの人と、守りが好きな内向きの人がいます。そして、外向きの人はよく取りこぼしをするのですが、内向きの人はあまり取りこぼしをしません。都合《つごう》のよいことに、両者はバランスが取れているのです。

外に対して発展的で、仕事も緻密《ちみつ》ということであれば、大したものですが、たいてい、発展的な人は取りこぼしが多く、ポロポロと落としていきます。ところが、消極的な人は細《こま》かいことにこだわるため、あまりミスをしないのです。

したがって、この両者を上手に組み合わせていくことが、戦力を最大にする秘訣《ひけつ》だと思います。

要するに、消極型の人を、単に消極的と捉《とら》えるのではなく、守りに強いタイプと考えるのです。そして、こういう人は、チェック機能として使う方向に持っていくべきなのです。

例えば、営業マンのなかには、「今月は何十件も注文を取った」と言っていても、契約《けいやく》の内容をよく調べてみると、実は損ばかり出しているような人もたくさんいます。外向きの人には、えてして、こういう傾向《けいこう》があるものです。

そこで、積極型の人と消極型の人を組み合わせて、拡大機能を積極型の人にやらせ、チェック機能を消極型の人にやらせるのがよいのです。

上げ潮のときには攻《せ》めの人、逆のときには守りの人を

会社には、「攻《せ》めの時期」と「守りの時期」が必ずあるので、経営者は、「今、どちらの時期にあるのか」ということを判断しなくてはなりません。

そして、攻めの時期には、積極型の人を上に置くべきです。そうしないと、組織全体がおかしくなります。一方、守りの時期には、消極型の人を上に置くことが必要です。

発展期には営業を強くし、不況《ふきょう》など、いろいろな問題が起きてきたときには、法務、総務、人事、財務、経理などを強くして、守りを固める、そのような使い分けが必要です。

大きくは、攻めの人は拡大機能、守りの人はチェック機能というかたちで使い分けるのですが、事業には必ず波があるので、会社のトレンドが今どこにあるのかを考え、上げ潮のときには攻めの人を中心にし、逆のときには守りの人を中心に使うことが大切なのです。

企業《きぎょう》の場合、創業期には、野心家たちが集まってきて、バリバリ仕事をします。しかし、ある程度の規模になって、安定期に入ると、その人たちは活躍《かつやく》できなくなります。これは現象として必ず出てくるのです。

こういうときのために、経営者は事前に備えをしておかなくてはなりません。そのための布石《ふせき》をどんどん打っておくことです。

ところが、やがて停滞期《ていたいき》が来ることがあります。そのときに、消極型の人ばかりで運営していたのでは、会社は衰退《すいたい》し、潰《つぶ》れてしまいます。

そのため、創業期に活躍した積極型の人たちを、どこかに温存しておかなければいけません。そういう人たちをうまく温存しながら、ずっと引っ張っていく必要があるのです。

管理職とは、攻めも守りもできる人

ベンチャー企業の特徴《とくちょう》は、人材の定着率が悪いことです。急成長しているベンチャー企業には、ものすごい勢いで人が集まるのですが、その後、組織がいろいろと変わっていくと、人がパラパラと剝《は》がれ落ちていきます。そのため、「ベンチャー企業の成功の秘訣は人材の定着にある」とも言われていますが、そのとおりだと思います。ただし、組織の規模が急拡大してイノベーションが急がれる場合は、人材の定着よりも適材適所を優先するべきです。

したがって、人材を養成するに当たっては、攻めも守りも両方ともできる人に育てることが大切です。攻めの人に対しては、攻め一本槍《いっぽんやり》ではなく、守りもできるように少しずつ訓練し、また、守りの人に対しては、多少、攻めもできるように、少しずつ訓練するのです。そういう訓練を三年間ぐらいしていくと、切り替《か》えのときに、必ずしも剝がれ落ちないようになります。

攻めと守りが両方ともできる人でなければ、トータルな管理職にはなれません。上に立つ人は基本的に両方ともできなければいけないのです。一方だけの人は、一時期、成功したとしても、失脚《しっきゃく》するのも早いものです。

「人の上に立とう」と思う人は、攻めも守りもできるようになり、両方を使い分ける必要があるのです。

4 「優《やさ》しさ」と「厳しさ」をブレンドして人を育てる

Q

私は人を教育する立場にありますが、優《やさ》しくされれば増長し、厳しくされれば反発する人たちがいて手を焼くことがあります。人を育てる上での「優しさ」と「厳しさ」について教えてください。

優しさ八割、厳しさ二割

人を教え導く方法として、仏教的には二種類の方法があります。それは、古い言葉を使うと、一つは「摂受《しょうじゅ》」、もう一つが「折伏《しゃくぶく》」です。

摂受とは、相手を自分の懐《ふところ》のなか、胸のなかに抱《だ》きとめ、教え諭《さと》すやり方のことです。

一方、折伏とは、相手に厳しい一喝《いっかつ》を与《あた》えるやり方のことです。折伏は、ある教団がよくやっていますが、ここでは仏教の伝統的な考え方を言っているので、同じものだと誤解しないでください。

例えば、非常に荒《あ》れていて、素直《すなお》に話を聴《き》いてくれない状態にある人、間違《まちが》ったことを現にやっていて、このままでは崖《がけ》から落ちてしまうような状態の人、正しい教えを非難し続ける人、このような人に対して、「あなたは間違っている。そんなことでは駄目《だめ》だ」と厳しく一喝を与え、相手の天狗《てんぐ》の鼻を折り、相手がおとなしくなったところで話を始めるというやり方、これが折伏です。

摂受と折伏、この両方が必要です。そして、両者のブレンドの仕方は、釈迦《しゃか》仏教で言うと、摂受が八割、折伏が二割だと思います。

これは、言葉を換《か》えると、「優しさ八割、厳しさ二割」ということです。八割ぐらいは、相手を抱きとめて諄々《じゅんじゅん》と教えていき、二割ぐらいは、緊急避難《きんきゅうひなん》的に厳しい一喝を与えることが必要なのです。

人格の厚みと包容力で人を導く

人を教え導くに当たっては、基本的に、自《みずか》らの人格の高さ、懐の深さ、教養の厚さ、そういうもので相手を抱きとめ、親が子供を諭すように指導していくのが正当だと思います。これが八割ぐらいを占《し》めるべきでしょう。

あなたが人を教育していて、相手から軽く見られたり、反発を受けたりしているとすれば、あなたに、高みや深み、厚みが少し足りないのだと思います。そういうものが十分にあれば、「まあ、ちょっとそこへ座《すわ》れ」と言って、諄々と話をするなど、相手を受け止めて教えられるはずです。それができないのは、あなたの人格的感化力がまだまだ十分ではないのです。自分自身の悟《さと》りの低さ、勉強不足が原因だということを知らなければいけません。

にわか勉強をしても急に変わるものではありませんが、本当に変わり、人格に厚みがついてくると、何とも言えない威厳《いげん》のようなものや、人を包み込《こ》む包容力が出てきて、それ自体が仕事をするようになるのです。

厳しい一喝《いっかつ》で反省を促《うなが》す

折伏はブレーキ型であり、間違っている人にブレーキをかけさせるための方法です。

職場では上司が部下を叱《しか》ることがよくあります。これは、部下が憎《にく》いわけでもなければ、悪口を言っているわけでもありません。

部下が仕事で間違いを犯《おか》しそうなとき、あるいは、会社に不利益を与えそうなとき、上司が「君には君のやり方があるだろう」などと言っていては大変なことになります。

上司は、部下の仕事を見て、「これはいかん」と思ったならば、「何をするか」と言って、止めなくてはなりません。そのままでは危ないときには、まず一喝《いっかつ》して、とりあえずやめさせ、本人に反省を促《うなが》すことが必要なのです。

厳しい一喝を与えなかったために、部下が失敗することはよくあります。例えば、言ってはならないことを部下が言ったとき、きちんと叱っておけば、以後、その部下は同じ過《あやま》ちを犯さずに済むのですが、きちんと叱らないでいると、再び過ちを犯し、致命傷《ちめいしょう》になることがあります。これは、最初のときに叱らなかったことが悪いのです。

単に甘《あま》いだけの指導者になってしまってはいけません。指導者というものは、優しいだけでは務まらないのです。ときには厳しくしないと、人はついてきませんし、人を向上させることもできません。

子供の教育の場合も同じです。子供の悪さが過ぎるときに、きちんと叱らずにいたならば、子供はますます、飛んだり跳《は》ねたりし始めます。ところが、鬼《おに》の顔をつくって、きちんと叱ると、子供はシュンとなります。このシュンとなるところが大事です。そのあとで諭せば、子供はよく聴くのです。

普段《ふだん》は優《やさ》しく、ときには厳しく

人を教える立場にある者は、優《やさ》しさと厳しさの両面を持っていなくてはなりません。

人間は、甘やかされると増長する傾向《けいこう》があります。また、あまり厳しくされると、心が離《はな》れていきます。厳しすぎる先生には、「あの人は怖《こわ》いから」と言って、人が近寄らなくなります。先生のほうは、いろいろなことを教えてあげたくても、教わる側は、その先生を敬遠することになるのです。

やはり、優しさ八割、厳しさ二割と思ってください。「普段《ふだん》は優しいけれども、ときには厳しい」というぐらいがよいと思います。

これとは逆に、厳しさが八割で、優しさが二割という指導方法を取ったならば、自分の心のなかに闘争《とうそう》と破壊《はかい》の世界ができ、あの世の阿修羅界《あしゅらかい》に通じていくため、自分にとってよくないのです。

厳しさが過ぎると、反省や瞑想《めいそう》など、静寂《せいじゃく》の世界に入っていけなくなります。あまり厳しすぎてはいけません。それを自戒《じかい》する必要があります。

人を教え導くに当たっては、優しさと厳しさをうまく使い分けてください。それができるようになることが、指導者になっていく修行《しゅぎょう》でもあるのです。

第3章

リーダーをつくる心の鍛《たん》練《れん》法

――『感化力』講義

1　自分の心を鍛《きた》え上げる人生哲学《てつがく》

多くの企業家群《きぎょうか》を生んだ考え方

本章では、私の著書『感化力』（幸福の科学出版刊）について解説をしていきます。

『感化力』に盛られたテーマは数多くありますが、全編、それぞれに独立した小さなテーマを持っていますので、どこをお読みになっても、人生のヒントになるところはあると思います。そのなかから、私が特に話をしておきたい幾《いく》つかのテーマに絞《しぼ》って、その周辺を解説したいと思います。

『感化力』には「スキルの先にあるリーダーシップ」という副題を付けました。全般的《ぜんぱん》に、とても現代的な内容の本です。その内容をまとめるならば、「人問学」と「リーダーシップ論」といったテーマになるでしょうか。ビジネス書だと思って手に取った人にとっても、そう大きく期待外れはしない内容になっています。

一部、宗教用語も使ってはいますが、いわゆる宗教書を読むタイプの人でなくても、本書を心の糧《かて》にすることはできると考えています。

私は、通常は「宗教家」として捉《とら》えられることが多いかもしれませんが、本書を読むかぎりでは、どちらかというと、「現代語で語る哲学者《てつがくしゃ》」、あるいは、「一人の思想家」や「時代のリーダー」の立場から語っているように感じられるのではないでしょうか。

その背景には、「数多くの経営者やビジネスリーダーたちを現実に指導している自信」とでも言うべきものがあります。私の考え方、指導に基《もと》づいて、数多くの新しい企業家《きぎょうか》群が現れてきつつあることに対する自信を持っています。

その意味で、リーダーたちを率いて指導する「精神世界のマスター」という面もあるだろうと感じます。

世界精神が求められている時代

『感化力』の「まえがき」には、「ヘーゲル的な意味において、日本と世界の『時代精神』となりつつあるのを感じている」と書きました。

マスコミ的な、揶揄《やゆ》するタイプの人のなかには、「また大きく出たな」と見る向きもあるでしょうが、自分としては、非常に率直《そっちょく》に、正直に述べたつもりです。

自分の仕事を客観的に見るということは、とても難しいことではありますが、日本あるいは世界という地理的な広がり、それから、過去・現在・未来という時間の流れ、この大きな時空の立方空間のなかから自分の仕事をじっと眺《なが》めてみると、私には一つの姿が見えてくるのです。

それは、二十世紀の後半から二十一世紀にかけて、東洋の日本という小さな島国で、一つの「時代精神」が生まれ、胎動《たいどう》し、うねりを起こそうとしている姿です。

「おそらく、その時代精神は、さらに世界精神へと飛翔《ひしょう》していくであろう」ということを、深く心に期するものがあります。「いずれは世界精神になるであろう」と、心に誓《ちか》っているところです。それが、幸福の科学の世界伝道、あるいは世界宗教へ向けての発信です。

その世界精神の根源は何でしょうか。

二十一世紀初頭という時代において、結局、何が要請《ようせい》されているかというと、「世界的な課題を解決すべき時期に来ている」ということです。

今、さまざまな地域、民族の間で発展した文化・文明、価値観等の違《ちが》いをめぐり、世界の混乱、不統一、不調和、憎《にく》しみ、対立、争い、戦争、貧富の差などの大きな課題が数多く起きています。

世界が七十億以上の人口を抱《かか》え、百億に向かおうとしているこの時代に、「『世界精神』となるべき、世界的な意味での指導原理が現れてこなければならない」という時代要請を、私は、強く強く感じているわけです。

平和裡《り》に世界を協調させ、未来への道を指し示す

その世界精神なるものは、決して、ナポレオン的なものやヒットラー的なもののように、軍事的独裁や全体主義的な要素を持ったものではありません。

それは、「平和裡《り》に、思想の戦いにおいて、世界をまとめ、協調させ、友情を育《はぐく》みながら、さらに、未来へ向けて進むべき道を指し示すものでなければならない」と考えます。

そういう意味で、私は、人を抑圧《よくあつ》するタイプの独裁的な指導者として世界精神になりたいと思っているのではなく、あくまでも「平和の君《きみ》」として現れたという気持ちを持っています。

私は、過去世《かこぜ》には王様として生まれた転生《てんしょう》がほとんどですが、今回は、日本という小さな国の、地方の小さな町に住む、平凡《へいぼん》な両親から生まれました。平凡な育ち方をし、貧しさも経験しました。一介《いっかい》のサラリーマンも経験し、思想的な苦悩《くのう》、葛藤《かっとう》も経験しました。

このような環境《かんきょう》のなかで、「自分自身をつくり上げながら指導者にならなければならない」というテーマを背負って生まれてきたのです。その意味において、前半生では、なかなか、苦闘《くとう》、葛藤することも多かったと言えます。

ただ、そういう環境下で闘《たたか》ってきたことが、『感化力』の構成であるところの、第一部「タフな自分をつくる」、第二部「感化力あるリーダーシップ」、第三部「ストレスを乗り切る秘訣《ひけつ》」といったテーマの分類で示されているような、「自分の心をどう鍛《きた》え上げるか」を中心にした人生哲学をつくっていく契機《けいき》になったと考えています。

2　自分の自由になることと、ならないことを分ける

気にしすぎる人に必要な「割り切り」

『感化力』には、私の会社時代の話として、「人間には、自分の自由になることと、ならないことがある」という、ある先輩《せんぱい》の言葉が勉強の材料になったと書いてあります。

その人は、私の十五年ほど先輩に当たり、課長になる手前ぐらいの、三十代後半の人でした。先輩は、私に対し、次のように語りました。

「あなたは、今考えていることを、自分の自由になることだと思うか。それとも、そうではないと思うか。

自分の自由になることであれば、努力することは可能だが、自分の自由にな

らないことであるならば、ある程度、割り切っていかなくてはならない。

自分が自由にできる領域にあるものについては、しっかり頑張《がんば》ればよいが、自分が自由にできない領域にあるものについては、『そういうものもあるのだ』と割り切らなくてはならない。

自分の自由になることか、ならないことか、どちらなのかを考えて、悩《なや》んでもしかたがないことについては、しばらく棚上《たなあ》げするしかない」

この話を聞いたのは、私が社会人になって一年目のことでした。場所は、赤《あか》坂《さか》のスコッチパブだったと記憶《きおく》しています。

その後、そのようなところには何十年も行っていないので、今でも店があるかどうかは分かりませんが、新入社員だった私は、飲み慣れない酒を飲まされながら、課内の何人かと一緒《いっしょ》に話をしていたわけです。

そのとき、いろいろと細《こま》かいことで悶々《もんもん》と悩んでいた私を見かねね、先輩は、

「君は細かいことをいろいろ気にしすぎている。人間には、自分の自由になることと、ならないことがあるんだ。自由になることについては、自分なりに努力して変えようとしていいけれども、自由にならないことだってあるよ。会社勤めをしていたら、そんなことは当然ではないか。自由にならないことについては割り切れ」と語ったのです。「諦《あきら》めろ」とまでは言いませんでしたが、「割り切れ」と言われました。

あれから時間がたっているため、当時の言葉よりも、かなり純粋《じゅんすい》化し、思想的なかたちにまとまっている可能性はありますが、主旨《しゅし》としては、「自分の自由にならないことはたくさんある。それについては、いったん棚上げして、悩まないようにせよ。自分の自由になることのなかで努力せよ」という内容だったと思います。

それは、本当にその人の人生観だったのかどうかは分かりません。今にして思えば、「幸福の科学が始まる前の段階で、支援霊《しえんれい》の先走りとしての霊的存在が語らせた言葉だったのかな」と感じる部分もあります。

内心の自由を求めた哲学者《てつがくしゃ》エピクテトス

実は、この「自分の自由になることと、ならないことがある」という考え方は、古代哲学《てつがく》である後期ストア派のエピクテトス（五五年ころ〜一三五年ころ）の思想と一致《いっち》する考え方なのです。

後期ストア派の哲学者としては、セネカやマルクス・アウレリウスなどがいますが、エピクテトスはそのうちの一人です。

エピクテトスの言葉は、『人生談義』という本のなかに収められています。今では読む人も少なくなっているかもしれませんが、昔の人は彼の語録を要約した『提要《ていよう》』をよく読んでいました。

このエピクテトスは奴隷《どれい》でした。奴隷の身分でありながら哲学者になった人なのです。奴隷であるということは、人に支配される身分であるため、主人に対しては抵抗《ていこう》ができません。

たとえ、主人から悪口を言われたとしても、殴《なぐ》る蹴《け》るの暴力《ぼうりょく》を振《ふ》るわれたり、足の骨を折られたりしても、自分は奴隷なので、どうすることもできないわけです。「今、暴力を振るわれた。両手で足をつかんで、ねじ曲げられた。ポキンと音がした。足の骨が折れた」というふうに、自分自身のことであっても、他人事《ひとごと》のようなものです。

これに対して、エピクテトスは、「主人が自分に対して、悪口を言ったり、暴力や危害を加えたりすることは、向こうの自由である。それについては、自分ではどうすることもできない。ただ、自分の魂《たましい》の領域、心の領域については、百パーセント自分のものであり、そこにおいてどう思うかということは、完全に自分自身の問題である」と考えたのです。

これは、表現としては違《ちが》いますが、私が今説いている、「死んであの世に持って還《かえ》れるのは心しかない」という考え方に通じるところがあります。「肉体については、主人に支配されているため、百パーセント自分のものにはならないのはしかたないだろうし、痛みを受けることもしかたがない。ただ、それをどのように感じ、どう生きるかということは、自分の問題である。自分の本領は魂であり、魂については、百パーセント自分のものである」ということです。

このように、奴隷の身分でありながら、内心の自由を百パーセント求めた哲学者としての生き方が、二千年たっても、いまだに読み継《つ》がれているのです。

現代社会では自分の自由にならないことも多い

エピクテトスの思想は、いわば、「奴隷の哲学」とでも言うべきものであり、非常に消極的な考え方のようにも見えます。

しかし、現代のように、一つの国のなかで、何千万、何億もの人々が法律に縛《しば》られて生き、何千人もの社員がいる会社に勤め、会社の規則に縛られているような、大勢の人間が管理社会のなかで生きている状況《じょうきょう》を見ると、これに通じる部分があります。

例えば、会社のなかで、社員は自分の自由になりますか。自由にならないでしょう。社長でさえ、自分の自由にはなりません。大きな会社の社長になったら、大勢の人に監視《かんし》されています。会社の部下から見られ、会社の外部の人からも見られ、マスコミからも見られており、自由ではありません。ましてや、社員などは自由ではありません。あの手この手で、いろいろとチェックを受けるし、出る杭《くい》は打たれます。

そういう意味では、エピクテトスの思想は、今でも十分に通用します。

したがって、サラリーマンとして、雇《やと》われ人として生きている人にとっても、「世の中には、自分の自由になることと、ならないことがある」という考えを持つことによって、心の安定につながる面があるわけです。

3　尊敬されるリーダーの条件

自分自身で解決できる問題かどうかを分けて考える

もし、自分のなかに悩《なや》みや苦しみが飛び込《こ》んできて葛藤《かっとう》するようなときには、まず、「自分が悩んで解決できる内容なのかどうか」を考えてみることです。「この問題は、自分の支配圏内《けんない》にあるのか、それとも、自分の支配圏外にあるのか」という目で、分けて考えてみるのです。

自分の支配圏内にあることについては、自分自身で百パーセント、コントロールできる可能性があるので、自分としてできる努力をすることです。しかし、自分の支配圏外にあることについては、しかたがないと割り切ることです。

「自分の権能が及《およ》ばない」ということは、エピクテトスの話で述べたように、

「主人に暴力を振《ふ》るわれる奴隷《どれい》が、自分の肉体を自由にすることができない」ということと同様です。「主人が自分に暴力を振るうことはしかたない。しかし、自分自身の考えは護《まも》る」という考え方です。

例えば、会社勤めをしている人は、人間関係を選ぶことができません。同じ階、同じ部署のなかには、嫌《いや》な同僚《どうりょう》や上司もいるでしょう。自分の考えとは合わない人がいるものです。それについては、自分ではどうすることもできないことがあります。

ただ、今述べたような考え方を持っていれば、「自分の任された仕事をどうするか」ということについては、自分自身で取り組むことができます。

また、他人《ひと》が自分を批判したり、自分の仕事をマイナスに評価したり、あるいはプラスに評価したりすることもあるでしょう。

そのときに、他人が自分に対して下す評価そのものについては、自分自身ではどうすることもできないとしても、「自分はその評価をどう捉《とら》えるか」ということについては、自分自身の問題であると言うことができます。

したがって、自分の自由になることと、ならないことを分けて考えるように努力して、強くならなければいけません。あまり、他人の評価などで動揺《どうよう》しすぎて、おかしくならないように、自分自身に対して客観的な指標を持って生きていくことが大切なのです。

人生の達人になるための道とは

『感化力』の「まえがき」のなかで、「ヘーゲル的な意味において、日本と世界の『時代精神』となりつつあるのを感じている」と書いたことを述べました。

これは、週刊誌的なものの見方からすれば、挑発《ちょうはつ》している言葉のようにも見え、「何を自惚《うぬぼ》れているのか」と言って批判してくる人がいるかもしれません。

ただ、客観的に見て、「自分自身としては、『時代精神』となりつつあると感じている」ということを、私は平気で言っているわけです。

このように、考え方はいろいろあるということです。

このあたりは難しい部分ではありますが、「心の領域をどのようにコントロールしえたか」ということが、人生の達人になるための一つの道なのです。

自分自身の心の領域、「心の王国」を治めるということは、非常に消極的に見えますが、現実には難しいことです。

その意味で、傍目《はため》から見て、「この人は自分自身の心を完璧《かんぺき》に支配している な」と思えるような人は、尊敬に値《あたい》する存在であり、リーダーの器《うつわ》であると言えるでしょう。

「環境《かんきょう》や時代要因、制度や仕組み、他の人の意見などはどうしようもない」と考える人は、一見、消極的なようにも見えます。しかし、他の人から見たら、

「自分のことについては、自分自身で完全にコントロールしようとしている」という人のほうが、かえって、リーダーにふさわしく見えるのです。

映画「硫黄島《いおうじま》からの手紙」で描《えが》かれた沈着冷静《ちんちゃくれいせい》な指揮官の姿

「自分自身の心を支配できる人はリーダーにふさわしい器である」ということは、戦争を例にとってみればよく分かります。

砲弾《ほうだん》が飛んできて炸裂《さくれつ》したり、知っている部下が一人死んだりしたときに、指揮官が動揺することもあるでしょう。ただ、指揮官が、「砲弾が飛んできた。うわー、どこへ逃《に》げよう」などと言って、いつも動揺ばかりしている人物だったら、部下としてついていけるでしょうか。

戦争であれば、当然、砲弾が飛んできたり、人が死んだりする局面も出てきます。そうしたときに、動揺することなく、指揮官としてなすべきことを沈着《ちんちゃく》冷静《れいせい》に行《おこな》っていく人物にこそ、部下はついていくのではないでしょうか。

二〇〇六年に、クリント・イーストウッド監督《かんとく》によって製作された「父親たちの星条旗」「硫黄島《いおうじま》からの手紙」という映画が公開されました。これは、第二次大戦における日本の硫黄島《いおうとう》での戦いを、日本とアメリカ、それぞれの視点から描《えが》いた二部作の映画です。

このうち、日本側から描いた「硫黄島からの手紙」は、栗林忠道《くりばやしただみち》・陸軍中将を主人公にして、「一人の指揮官に何ができるか」ということを捉えた映画です。公平によく描かれていたと思います。

硫黄島は、硫黄のガスが立ち込め、木もなく水もないような、人が住むことさえ難しい小さな島です。本格的に攻《せ》められたら、護り切ることはほぼできないだろうと思われるこの島で、日本軍はアメリカに徹底抗戦《てっていこうせん》したのです。

当時の軍事的な常識からすれば、「海岸に防衛線を引き、上陸してくるアメリカ軍を防ぎながら戦う」という水際《みずぎわ》作戦をとることが常道《じょうどう》でした。

しかし、栗林中将は、「そんなことをしても無駄《むだ》だ。アメリカの海兵隊は強いから、完全に突破《とっぱ》されるだろう」と考え、海岸の防衛線は一切《いっさい》つくらず、その代わりに、「全島に全長十八キロに及ぶトンネルを掘《ほ》り、地下に潜《もぐ》って徹底抗戦する」という作戦を取ったのです。

さらに、栗林中将は部下に対し、「自決してはならない」と指導しました。それまでの日本軍は、弾《たま》が尽《つ》きたりすると、すぐ、「万歳突撃《ばんざいとつげき》」をして自決するようなことをしていました。しかし、栗林中将は、「自決するな。最後の一人まで戦え。『一人十殺《じゅっさつ》』の覚悟《かくご》で敵と戦え」という指導をしたのです。

その結果、日本軍に一万九千人余りの戦死者が出た一方で、アメリカ軍の被《ひ》害《がい》も戦傷者まで合わせれば二万八千人に上《のぼ》り、全体として見ればアメリカ側のほうが被害が大きかったとも言われています。このことにアメリカは震撼《しんかん》したわけです。

アメリカ軍としては、「硫黄島の擂鉢山《すりばちやま》に星条旗を立てた」ということが勝利の象徴《しょうちょう》であり、そのことを宣伝にも使ったわけですが、本当のことを言うと、恐怖《きょうふ》だったということです。

「こんな小さな島を落とすのにも、何万人もの兵士が死傷した」という事実を見たアメリカ軍が感じたことは、「もし、日本全土を占領《せんりょう》しようとしたら、どれほどの兵士が死ぬのだろうか。場合によっては何百万人も死ぬのではないか」という恐怖です。

そのあとの沖縄《おきなわ》戦もそうだったかもしれませんが、硫黄島での徹底抗戦を見せたことで、結果的には、日本本土が最悪の事態に至る前に終戦することになったわけです。栗林中将という人は、そのことをよく見抜《みぬ》いていたと思います。

すでに連合艦隊《かんたい》は壊滅《かいめつ》していたため、硫黄島に援軍《えんぐん》が来ないことを栗林中将は知っていたし、いずれ島自体が陥落《かんらく》して負けることも分かっていたのですが、「できるだけ長く、最後の一人まで戦い、徹底抗戦することによって、『日本軍はどれほど抵抗《ていこう》するか』をアメリカに見せることが、本土にいる自分たちの家族を護ることにつながる」ということを部下に説明し、実行してみせたのです。

もちろん、その戦い方によって何万人もの人が亡《な》くなったという事実は大変なことではありますし、それが実際にどのような結果につながったのかということについては、よく分からない部分もあります。

ただ、仮に日本本土が戦闘《せんとう》を経《へ》て占領《せんりょう》されるようなことになっていたら、何十万、何百万もの人が殺されていた恐《おそ》れはあります。硫黄島での徹底抗戦が、そのような事態を防ぐための一助になったとしたならば、亡くなった人も英霊《えいれい》としてずいぶん報《むく》いられることにはなったでしょう。

「自分自身を統御《とうぎょ》できる」リーダーこそ大勢の人を導ける

このように、絶対に勝てない、死ぬのが分かっているような、圧倒的《あっとう》に不利な状況下《じょうきょう》でも、沈着冷静で知恵《ちえ》のある指揮官が指導すると、一定の成果をあげることができるわけです。

「自分自身の心を完全に統御《とうぎょ》し、使命に生きることのできる人物こそ、リーダーの器にふさわしい」ということです。

栗林中将はアメリカに留学した経験のある人だったため、アメリカの強さをよく知っており、「日本はアメリカに勝てない」ということも十分に分かっていた人です。しかし、硫黄島の防衛という使命を受け、自分の役割を果たしたわけです。

このように、「自分自身の心を完全に統御し、無私になって自分の使命を果たす」ということが、指導者としての大きな条件になることがあるのです。

映画「硫黄島からの手紙」で言えば、「アメリカ軍が強い」という事実について、例えば、「戦艦が大挙してやってくる」「戦闘機《せんとうき》が大量の爆撃《ばくげき》をしてくる」「物資が豊富に補給される」など、日本軍の指揮官にとって支配圏外にあることについては、どうにもなりません。

それから、味方の兵士が、「逃《に》げたがっている」「万歳突撃したがっている」などということについても、どうにもなりませんでした。

ただ、指揮官としての自分自身を統御することは可能だったわけです。

そのように、自分自身を統御できる人が、大勢の人を率いて一定の成果をあげるようになるのです。

これと同様のことは、企業《きぎょう》においても当てはまるはずです。

例えば、「経営環境が悪化している」といった厳しい状況《じょうきょう》に直面している企業も数多くあるでしょう。さまざまな危機的状況が、次々と出てきている企業もあるでしょう。

そのときに、リーダーが周りの人を支配しようとしても、そう簡単にはいきません。ただ、エピクテトスのように、「自分一人の心を完全にコントロールする」ということは可能です。

現代は、いかに生活が苦しく、借金があろうとも、家庭争議があろうとも、会社が傾《かたむ》いていようとも、奴隷《どれい》の生き方よりはましであるはずです。奴隷ほどひどい状態にはないでしょう。

かつて、奴隷であっても、自分の心を百パーセント支配しようと努力した人がいたわけです。ましてや、現代人は奴隷の身分ではないし、転職もできれば、家庭を立て直すこともできます。道はたくさんある時代なのです。

そのように考えるならば、深く悩みすぎることには問題があると言えるでしょう。

したがって、消極的に見えるかもしれませんが、意外に、「自分の心の王国を護り切った人が偉大《いだい》なリーダーとなり、多くの人を導けることもある」ということを述べておきたいと思います。そのような考え方をすることです。

以上、一番目の論点として、「自分の自由になることと、ならないことを分ける」ということを述べました。

4　自分の能力が変化すれば必ず環境《かんきょう》も変化する

まず現在の環境で努力を

二番目の論点としては、「自分の能力が変化すれば必ず環境《かんきょう》も変化する」ということです。

『感化力』のなかには、次のような質問が載《の》っています。

「『環境が変化すると、新しい視点を得て、成長していくことができる』と聞いていますが、変化しない環境のなかにあっても、欠点を直し、長所を伸《の》ばしていく方法があれば、教えてください」

これに対し、私は非常につれない答え方をしています。

「そういう方法は、あまりないでしょう。基本的には、能力が伸びると環境も変化します。環境の変化に伴《ともな》って自分の能力が変わるだけではなく、自分の能力が変わってくると必ず環境も変化するのです」と述べています。

これは意外なことかもしれませんが、実は、とても重要なことを指摘《してき》しています。

人間、弱い人ほど、環境に頼《たよ》ります。実際、環境がよくなれば、よくなることはたくさんあるのです。それは当たり前のことです。

例えば、世の中の景気全体がよくなったら、自分の経営する会社もご利益《りやく》にあずかれるのが普通《ふつう》です。

「首相が替《か》わればよくなる」「日銀総裁が替わればよくなる」「アメリカが態度を変えればよくなる」「中国が変わればよくなる」というように、環境が変わればよくなることはいくらでもあります。実際にそのとおりです。

しかし、現実にはそう簡単に環境を変えられるものではありません。なぜならば、環境そのものは、非常に大勢の人の力や仕組みによって出来上がっているものだからです。

したがって、自分の今の生き方や人生、会社の仕事にとって都合《つごう》のよいように、一人の力で全部を変えることはできないのです。

今、仕事がうまくいっていないとしても、「会社を変えたらうまくいった」という場合は、当然あるでしょう。環境を変えればよくなることなど、いくらでもあります。

ただ、環境の変化に頼るのは王道ではありません。「今の場所から逃《に》げ出して別の場所へ行けば、パラダイスになり、すべてがうまくいく」というようなことを考えても、現実にはそう簡単にはいかないということです。

また、結婚《けっこん》・離婚《りこん》についても、そのようなことはあるでしょう。

例えば、「離婚してうまくいった」という人も大勢いるでしょうが、「うまくいかなければ、すぐ離婚する」ということばかりしていると、離婚するたびに、自分自身にもいろいろと傷が入っていきますので、結局は「引っ越《こ》し貧乏《びんぼう》」になっているようなものです。

したがって、「現在ある環境のなかで、まず変えていけるものがある」と考えることが大事なのです。

すべてを環境のせいにする共産主義

重要な点は、「自分の能力が変化すれば必ず環境も変化する」ということです。これは非常に重要なことなのです。

実は、「あまり環境が変わらない」ということは、「自分の能力が変化していない」ということなのです。能力が変化していないから、環境も変わらないのです。能力が変化してきたら環境も変わります。

それは、語学の勉強一つを取ってても当てはまります。

例えばの話ですが、あなたが、突如《とつじょ》、発心《ほっしん》して英語の勉強を始めたとしましょう。それから三年から五年ほど勉強を続けるうちに、どんどん英語ができるようになり、英語の達人になったとします。そのときに、会社はあなたを放っておくと思いますか。現在、あなたが、国内のメーカーのどこかの支店で、問《とん》屋《や》さん相手に日本語で商売をしている人であったとしても、英語の達人になっていたならば、会社は絶対にあなたを放ってはおきません。英語が使えるセクションに必ず異動させようとするはずです。

あるいは、社内にそのような場がなければ、別のかたちで何らかのチャンスが出てくるでしょう。例えば、新聞や雑誌、テレビなどを観《み》ていた折に、「ああ、こういうふうに、英語を使える職業があるのか。これは自分に向いた職業だ」という情報を見つけ、転身するきっかけをつかんだりします。

このように、自分の能力が一定のレベルを超《こ》えたときには、必ず変化が起きてくるのです。「能力が伸びているのに、環境は変わらない」などということはありません。必ずそういうふうになるのです。

今述べた考え方の正反対に当たるのが、すでに滅《ほろ》びつつある共産主義です。共産主義は、徹底的《てってい》にこれを否定し、「環境がすべての運命を決める」というような考え方をします。「資本家が悪い」「制度が悪い」「資本主義が悪い」などと言って、すべてを環境のせいにし、自分自身の責任は問いません。

しかし、この考え方は、基本的に間違《まちが》っています。日本の知的エリートたちも、それがなかなか分からず、何十年も騙《だま》され続けてきました。結局、共産主義は、愚痴《ぐち》と言い訳、嫉妬心《しっとしん》の哲学《てつがく》なのです。

自分の能力が変われば、絶対に環境も変わります。それはほぼ間違いのないことであり、そのように信じたほうがよいのです。

5 年齢《ねんれい》に負けず発奮して「人生の復活」を

映画「ロッキー・ザ・ファイナル」を観《み》て

「自分の能力が変化すれば必ず環境《かんきょう》も変化する」ということに関連した例として、映画の話ばかりで恐縮《きょうしゅく》ですが、「ロッキー・ザ・ファイナル」（二〇〇七年日本公開）を挙げましょう。

この映画が日本で公開されたとき、私も観《み》てきました。

映画は、「ボクシングを引退して久しいロッキーが、六十歳《さい》になってから、現役《げんえき》へビー級世界チャンピオンに挑戦《ちょうせん》する」という内容です。

ただ、この年齢《ねんれい》で現役のチャンピオンに殴《なぐ》られたら、普通《ふつう》は一発で倒《たお》されてしまうでしょうから、設定としてはやや非現実的と言えなくもありません。

かつてボクシングのヘビー級で二度の世界チャンピオンになったロッキーが、あれからだいぶ年を取り、すでに奥《おく》さんにも先立たれ、うらぶれた毎日を送っているところから話は始まります。

ロッキーの息子《むすこ》は、若きビジネスマンとして働いていますが、自分の父親がロッキーであると知られることを恥《は》ずかしく思っています。息子は、「おまえの親父《おやじ》は、偉大《いだい》なロッキーだったんだって？」と訊《き》かれるだけでも嫌《いや》がり、父親から逃《に》げ回っているような状態でした。

ところが、あるテレビ番組が、現役ヘビー級チャンピオンと全盛期のロッキーのデータをコンピュータでシミュレーションし、「もし二人が戦ったらロッキーが勝つだろう」という判定結果を放送したのです。

その番組を観た現チャンピオンは怒《おこ》り、「あくまでデモンストレーションみたいなものだが、エキシビションで戦ってもいいぞ」という話になりました。

それから、六十歳の英雄《えいゆう》は体を鍛《きた》え直し、再びリングに上がりました。ロッキーは、ヨタヨタになりながらも、十ラウンドを戦い抜《ぬ》きます。最後は、ギリギリで判定負けにはなりましたが、観客からは、「よく頑張《がんば》った」と、満場の称賛《しょうさん》を浴びて幕を閉《と》じました。

概略《がいりゃく》としては、そのようなストーリーです。

もう一度発奮して「人生の復活」を

私は、「年を取ったら、いつまでも自分の地位や肩書《かたがき》に執着《しゅうちゃく》せず、潔《いさぎよ》く引っ込《こ》むように」という話をよくしていますが、その一方で、団塊《だんかい》世代の人々が大量に六十歳を迎《むか》えた現在の状況《じょうきょう》を考えれば、このような映画も必要であると感じます。

つまり、私の著書『復活の法』（幸福の科学出版刊）でも掲《かか》げているように、

「人生の復活をして、もう一回、戦えないか」ということです。

「お父さんも、昔は偉《えら》かったんだ」という台詞《せりふ》は、よく聞く言葉です。「昔は仕事ができたんだ」「昔はもてたんだ」「昔は金持ちだったんだ」などと言って、いくらでも昔話をするようになってきたら、だいたい年寄りなのです。

ロッキーについてもそうです。「昔、世界チャンピオンだった」といっても、今はうらぶれていて、自分の子供に、かつての雄姿《ゆうし》、栄光を見せることは、もはやできません。

しかし、そこに挑戦するロッキーの姿を観たときに、私も、不覚にも何度か涙が出てきました。映画のストーリー展開がすべて見えてしまうわりには、涙が出てくるのです。その気持ちがよく分かるのです。「六十歳でも、まだ現役チャンピオンと戦えるのか。すごいなあ」という感じがありました。

これは、「能力が変化すれば環境が変わる」という話をしているわけです。

すでにボクシングを引退して、うらぶれていたロッキーが、「よし、もう一回やってみようか」と思い、体を鍛え直していきます。

それから、重量挙げをしたり走り込んだりしていくうちに筋力がアップし、若いころの身体能力が甦《よみがえ》ってきます。

そこで再びスタジアムに出てきて、若いチャンピオンと互角《ごかく》に戦えるところを見せ、「往年の世界チャンピオン、まだ頑張っています」というふうに満場の称賛を浴びたわけです。

こうして彼の環境は変わりました。

このように、発奮しなければいけない年代が六十代です。

この映画を観たアメリカの人たちがどのような反応をしたのかは知りませんが、発奮した人もだいぶいるのではないでしょうか。老人たちにとっては、ものすごい励《はげ》みになったことでしょう。

そういう意味では、よい映画ではないかと私は思いました。

何歳《さい》からでも能力を磨《みが》く考え方

やはり、人間、幾《いく》つになっても発奮することが大事です。

若いうちに発奮するのは、それほど難しいことではありません。若くてもやる気が出ないなど、一部の例外はあるかもしれませんが、十代で「やるぞー」と発奮するのは、ごく普通のことです。二十代でやる気があるというのも普通です。この年代でやる気がないと、だいたい駄目《だめ》でしょう。

三十代になってくると、少し人生に疲《つか》れてきますが、何とかしようとして、必死で抵抗《ていこう》します。

四十代になると、すでに、「人生の前半が終わった」という感じがあります。

「家族を護《まも》ることで精いっぱい」、あるいは、「家族も壊《こわ》れてくる」という年代でしょうか。護るべきものが多くなり、重くなります。そして、行動力、勇気、チャレンジする精神がなくなってきます。

五十代になったら、人生の残りを数えるようになります。「あと何年生きられるかな。病院に行かずに済めばいいな」ということを考えるのが五十代でしょうか。

六十代以降になったら、「ここで発奮しなければ、あとは棺桶《かんおけ》が待つのみ」になってきます。ただ、六十代以降で発奮する人、少なくとも精神的に発奮して、人生の最後を飾《かざ》ろうとしている人たちは、来世《らいせ》に向けて、ものすごい推進力や、もう一段の偉さが出てくるでしょう。

そのように、「能力が変われば環境が変わる」ということを述べました。

したがって、「自分は、会社のある部署で、平社員のまま、ずっと置いておかれている」ということは、「あなたの能力が変わっていない」ということです。

もし、あなたが現在の環境を変えたいと思うならば、何でも結構ですが、自分の長所のなかの何か一つを磨《みが》いていくか、あるいは、あなたの足をずっと引っ張っている短所の部分を磨いて克服《こくふく》していくことが大事なのです。

6 平凡《へいぼん》な自分が人生に勝つために

自分を磨《みが》く努力をすれば必ず変わる

自分を磨《みが》くということでは、例えば、英語を勉強することでも、体力を上げることでもよいでしょう。

それから、話すことが下手《へた》なために、営業でうまくいかなかったり、部下を持てないという人であれば、「上手な話し方の研究をする」ということでもよいでしょう。

現代は、テレビやＤＶＤ、ビデオ等もあります。それらを活用して、「この人、上手だなあ」と思う人の話をよく聴《き》いて研究すればよいのです。

世の中には、自分の先生となる人がたくさんいますので、自分のことばかり考えるのではなく、話の上手な人を見て勉強することです。

間合いの取り方から、身振《みぶ》り手振り、重要点の押《お》さえ方、人の心をどうやってつかもうとしているかなど、「なぜ、この人は話が上手なのか」という目で見て研究するのです。

そのなかで、「ああ、この人、サービス精神があるんだな」ということなどが分かってきます。

また、話し方だけでなく、「仕事の上手な人を見て勉強する」ということでもよいでしょう。経営者として大を成そうと思ったら、自分より立派な経営者の講演会や勉強会に参加して、よく聴くことです。

そのような努力をしていくと、必ず変化してきます。能力が変わってくるのです。能力が変わってくると、環境《かんきょう》も変わってきます。そして、会社も変わってきます。取引先との関係も変わってきます。

一つのテーマについて百冊読めば本が一冊書ける

もちろん、勉強することによって変わることもあるでしょう。

『感化力』には、教養をつけるためには千冊ぐらいの本を読むことが必要だという趣旨《しゅし》のことを書いてありますが、ジャンルを絞《しぼ》り、ある一つのテーマについての本を百冊ほど読めば、そのテーマに関する本が書ける程度にはなるのです。

今、あなたが、「話し方入門」「上手なスピーチ」「人を感動させる話の仕方」など、話し方についての本を書こうとしているとします。

そのときに、まずテーマを決めたら、話し方に関する本を百冊ぐらい集め、しっかり熟読するのです。このような狭《せま》いテーマについての本を百冊ほど読めば、本を一冊書くことができます。

ただ、人生論全般《ぜんぱん》にわたるような内容になると、もっともっと深い勉強をする必要があり、その程度の勉強では無理ですが、狭い範囲《はんい》内であれば大丈夫《だいじょうぶ》です。

「どうしたら美肌《びはだ》をつくれるか」というテーマであれば、美肌関係の資料を百冊ぐらい集めて研究すれば、そのテーマに関しては、いちおう一人前というか、一流レベルに近いような意見までは言うことができるようになるでしょう。

「自分は平凡《へいぼん》な能力の持ち主だ」と自己定義するのなら、あまり広範囲の戦い方をするべきではないので、自分が仕事で使えるような狭い分野で専門家になろうと努力することです。同一種類の関連書を百冊ほど読めば、本を一冊書ける程度の専門家にはなれます。これは、不可能ではないと思います。

週に一冊の本を読めば、年に五十冊は読めます。したがって、一つのテーマについて二年間ほど勉強すれば、その分野については、本が一冊書けるようになるか、あるいは、何か話を頼《たの》まれたときに、ほかの人が聴いていても、「ほう、いいこと言うなあ」と言われるような話をするレベルまでは行けるのです。

「ウォーキング」というテーマ一つを取ってもそうです。

ウォーキングの本を百冊ぐらい読んで勉強し、自分でも実践《じっせん》を続けて、二年ぐらいたてば、人前で「ウォーキングについて」というテーマで一時間ほど話をするぐらいのことはできるようになり、「ああ、この先生、なかなかよく勉強しているな」と思われるレベルまでは行くのです。ただ、ウォーキングについては話せるようになっても、ジョギングについてまでは話せないかもしれませんが。

そのようなわけで、自分自身のことを平凡な能力と見ているとしても、自分のしている仕事について勉強をしていけば、自分の武器になり、十分に勝つこともできるようになります。

また、株をしている人であれば、環境さえよくなれば株価が上がって利益が出るので、よい方向へと変化することを望みたいところでしょう。

ただ、実際には環境が変化するまで待っていられないので、自分の腕《うで》を上げるほうに取り組むべきです。株についての知識や技術を磨くほうで自分の勉強をしていれば、そのうちに環境もよくなって、利益を増やすチャンスが出てくることもあるでしょう。

これも、「能力が変化すれば環境が変わる」ということです。

「言い訳百個」ではなく、「できる方法を三つ」

このように、「環境」も大きなものではありますが、言ってもしかたがないことを言うのは、ただの愚痴《ぐち》や弁解にしかなりません。「なぜできないのか」というようなことを並べても、しかたがないのです。

世の中を見ていると、いわゆる受験秀才《しゅうさい》ほど弁解がうまいようです。彼らの多くは「減点主義」であるため、「ミスをしないように」と一生懸命《いっしょうけんめい》訓練して、大企業《だいきぎょう》に入りますが、とにかく言い訳がうまいのです。実に上手に、整然と、できない理由、自分に責任がない理由を説明します。「なぜできないか」ということを理路整然と説明するのです。

これには唖然《あぜん》とさせられます。自分の頭のよさを、何の価値も生み出さない方向で使っているわけです。要するに、自分が仕事をしないことに対する言い訳をすることで、「自分の職を護《まも》る」という意味での価値を生み出しているのです。

しかし、「それでは、どうすればできるようになるのか」という問いに対して、受験秀才は答えられません。

「どうすればできるようになるか」と考えることは、それほど受験秀才ではない人のほうが得意なのです。あまり自己イメージが高くなく、蛮勇《ばんゆう》を奮《ふる》えるため、とにかくやってのけると成果があがることがあります。

結局、一流の秀才ではない人のほうが、勇気があるために、よい仕事をして出世することも数多くあるのです。あまり細《こま》かすぎると、かえって勇気がなくなることがあります。

したがって、自分が弁解や言い訳のほうに、あまりに多くのエネルギーを使っていると思ったら、どうか踏《ふ》みとどまってください。そちらのほうに優秀な頭脳を使うのはエネルギーの無駄《むだ》です。

言い訳を百個考える代わりに、「何かできる方法はないか」ということを、一つでも二つでも三つでも考えることが大事です。そうすることによって、生産性が高く、創造力のある仕事ができるようになるでしょう。

7　人を導く立場に立つ人の心得《こころえ》

「弁解するな」と指摘《してき》した会社の上司

私が社会人になって一年目のときに、会社でこんなことがありました。

当時、ある人の失敗を、私の失敗のように誤解されたため、課長に事実を説明しようとしたら、「弁解するな」と怒《おこ》られたことがあったのです。

それまで、自分自身に弁解癖《くせ》があるとは、全然思っていませんでした。

「これは、私の失敗ではなく、本当はこの人の失敗だ。それなのに、課長は私が失敗したように言っている。課長は勘違《かんちが》いして怒っているのだ。この間違いを説明しなかったら、ずっと私の失点のままになる。給料が減らされ、ボーナスも減らされてしまう」

そのように思い、私は、「こういう指示を受けて、こういうふうにやったのだ」と説明しようとしましたが、課長は私に、「弁解するな。弁解するやつは許さん」と言うのです。

しかし、新入社員ではあっても、口はついているので、やはり何か言いたくなります。そのままでは欲求不満になり、泡《あわ》を吹《ふ》いて死にそうになります。「そんなのありか。自分の失敗ならしかたがないが、自分の失敗ではないのに、『弁解するな』というのは、フェアではないじゃないか。やはり、『これは違うぞ』と言いたい。ちゃんと仕事を見てもいないくせに、そんなに人を怒るのは、課長のほうが悪い」と思ったのです。

ただ、四十歳《さい》を過ぎた課長の目から見たら、そういう新入社員は生意気《なまいき》に見えるでしょう。

新入社員を怒ったところ、「これは違います。私の失敗ではないんです。これは、こうこう、こういう理由で、このようになったのであって、私の失敗ではありません」などと言って、自分の弁解を始めたら、生意気に見えて、怒りたくもなります。

私も、同じことを何度か注意されるうちに、「そうなのかもしれないな」と思うようになっていきました。

課長の怒り方をよく考えていくと、「たとえ、おまえに与《あた》えられた仕事ではなかったとしても、ほかの人の仕事や、『課全体はどうしているか』『会社はどうしているか』など、いろいろなことを考えれば、そのようにしないこともできただろう」と言っているようにも取れたのです。

「おまえは、『自分の狭《せま》い範囲《はんい》の仕事だけやっていればよい』というような事務員として雇《やと》われて給料をもらっている人間ではないはずだ。将来、経営者になっていく人間であるならば、自分のミスかどうかを弁解するだけではなく、課全体や、部全体や、会社全体が、今何を目指しているのかを考えて、ほかの人の失敗やミスまで引き受けるぐらいにならないでどうするか」という意味で怒っている可能性もあるわけです。

ただ単に短気を起こして怒っているように見えなくもありませんでしたが、エピクテトス風に、「自分の心を支配する」という観点から見れば、「なるほど、ガミガミ怒られてはいるけれども、ある意味、期待して怒ってくれているのかもしれない」と受け取れなくもありません。

自分の失敗でなくても頭を下げられる器《うつわ》を

私も上司の立場になり、人を使うようになると分かりましたが、弁解する人というのは、やはり嫌《いや》なものです。

「おまえは駄目《だめ》だ」と叱《しか》ると、「いや、これは私ではありません。あいつがやったんです」と弁解するような人をエリートと認識するのは難しいものです。

もちろん、それが、実際に部下のやったチョンボだったり、たまたま、ほかの人が指示したために失敗したようなこともあるかもしれません。

ただ、たとえ、それが自分の失敗ではなく、ほかの人の失敗であったとしても、それでも、注意されたら、「すみませんでした。申し訳ありませんでした」と素直《すなお》に聴《き》く人のほうが、やはり、人間としてはできているように見えます。

その問題については、あとで真実が分かることもあれば、分からないままのこともあるでしょう。いずれにしても、自分の失敗ではないにもかかわらず、怒られても耐《た》えられる人は、器《うつわ》が大きいと言えるでしょうし、上司たるべきものは、そうあるべきかもしれません。

「部長や課長は知らない」という問題など、いくらでもあります。実際には課員の失敗であることも多いでしょうが、それでも、部下の代わりに自分が怒られ、「いえ、これは私の失敗です」と頭を下げ、受け入れることのできる上司は偉《えら》いと思います。

部下のミスについて、「あいつのせいだ」と、そのまま部下のせいにするような上司だと、人はついてこないかもしれません。

たとえ、その問題が自分のミスや責任ではなかったとしても、上司としてもっと努力していれば、事前に問題を感知できたかもしれないし、問題が起きないように手を打てたかもしれないのです。

エリートほど問題を自分の責任として受け止める

アメリカでは、何か仕事を頼《たの》んだりすると、二言目《ふたこと》には“It's《イッツ》 none《ナン》 of《オブ》 my《マイ》 business《ビジネス》.”（それは私の仕事ではない）と言われます。これは嫌な言葉です。

「私は、その仕事についての給料をもらっていない。雇用《こよう》のときの契約《けいやく》で

『これこれの仕事をする』ということが決まっているから、契約条項《じょうこう》に入っていないことに関してはサービスになる。お金をくれるならばやってもよいが、くれないならばやらない」と言うわけです。これには疲《つか》れてしまいます。「あなたのビジネスではないことぐらい、十分、分かっているけれども、『やってくれ』と頼んでいるのだ。それだけのことで、いちいち契約改定までしないといけないのか」と言いたくなります。

"It's none of my business." という言葉は、はっきり言って嫌《きら》いな言葉です。これを言われると、やる気がなくなってしまいます。本当に会話する気がなくなります。

ただ、そのようなことを言う人は、やはり下っ端《ぱ》なのです。アメリカであっても、エグゼクティブになると、そのようなことは言いません。上に行けば行くほど、そのようなことは言わなくなります。

私も、アメリカで仕事をしていたときに、"It's none of my business." と言う社長には会ったことがありませんでした。

社長になったら、会社のなかの悪いニュースは、すべてトップの責任になります。事務員の仕事であろうが、受付の仕事であろうが、電話の取り方であろうが、すべての仕事は自分に関係があるわけです。

したがって、社長であるならば、"It's none of my business." などということはありえません。「それは私の仕事ではない」と言ったら、そんな社長はクビになります。

やはり、世の中はフェアであり、「自分の責任ではない」などと言う人は小物なのです。それは、給料以上の仕事をしようとしていない人たちなのです。

つまり、「給料以上の仕事をして、みんなに給料を払《はら》うような立場になりたかったら、そのようなことは言うな」ということです。

上司に責任を取らせないように頑張《がんば》る部下は出世すべき人

部下の立場においても同様のことが言えます。社長なり役員なりがミスをしたような場合に、「もし自分がきちんと補佐《ほさ》をしていたならば、ミスしなくても済んだかもしれない」と考えるということです。

例えば、重役が出張で不在中に、何らかの緊急《きんきゅう》事態や、取引先とのことで重要な案件が発生し、絶対に処理しなければいけない局面にあるとしましょう。そのときに、部長が、「これは重役の仕事だ。部長の立場でものを言ったら僭《せん》越《えつ》だ」と思って黙《だま》っていたら、どうなるでしょうか。

確かに、その部長の考えは、社内規定には合っているかもしれません。「部長の権限はここまで」と決まっているのに、重役の仕事をしてしまったら、規定に反することになります。

しかし、問題を黙っていた結果、会社が危機に陥《おちい》り、潰《つぶ》れることになるならば、「その部長は駄目《だめ》な部長である」と言わざるをえません。

もし、「すぐに手を打たなければならない」というような重要案件だったならば、たとえ、部長である自分に権限はなくても、処理しなければ駄目です。

このようなことをきちんと処理できるような人が、上に上がっていくべき人なのです。

したがって、社長が失敗したら、社長自身が責任を取ることは当然ですが、一方で、「社長に責任を取らせないように頑張《がんば》る」という部下は、やはり、上に上がっていくべき人です。そのように、物事は考えていきたいものです。

私の新入社員時代に、「弁解するな」と、課長から何度も怒られたという話をしましたが、それは正しかったかもしれません。

当時は「嫌な人だな」と思いましたが、その後、確かに弁解癖は減りましたし、自分の責任の範囲を広く考えるようにもなりました。

そのように言ってくれる人がいるのは、ありがたいことです。

みなさんのなかに、「自分は弁解癖が強い」という人がいたら、それは、管理職や経営者になる人物としては能力が足りないことを意味していると考えてください。

「『これは自分ではなく、部下がやった。隣《となり》の人がやった』というようなことを言いたがるタイプは、偉《えら》くはならない」ということを知っておいていただきたいと思います。

8　世の中に必要な会社か、会社に必要な自分か

経営者は「自分の会社は本当に必要か」と考え続けよ

一番目の論点として、「自分の自由になることと、ならないことを分ける」ということ、二番目の論点として、「自分の能力が変化すれば必ず環境《かんきょう》も変化する」ということを述べてきました。

最後に、三番目の論点として、「『必要なもの以外は残らない』という法則に忠実に生きる」ということを挙げておきます。

『感化力』には、次のような質問もあります。

「家電メーカーに勤めていますが、たとえ不況《ふきょう》下であっても、困難を打破する秘訣《ひけつ》がありましたら、教えてください」

これに対し、私は厳しい答え方をしています。「結局、『必要なもの以外は残らない』という法則に忠実に生きることです」と述べています。

例えば、ある会社の社長が、「経営が苦しいので助けてほしい」という思いで質問してきたとしましょう。

「うちの会社は、今、経営が苦しいのです。どうしたらよいのでしょうか。ライバル社もたくさんあります。国の方針はこうなりました。どうしたらよいのでしょうか」

これに対する答えは厳しいものになります。

「『必要なもの以外は残らない』と、自分に問うたことはあるか。甘《あま》えてはいないか。補助金のようなもので生きていこうとしていないか」ということです。結局、必要なもの以外は残らないのです。

自分の会社が潰《つぶ》れていくということは、同業他社のほうがよい仕事をしているということです。あるいは、自分の会社が古くなったということです。

経営者たるものは、「必要なもの以外は残らない」と思っておいたほうがよいのです。これは厳しい言葉です。

このことを認めるのは、とてもつらいことです。つらいことではありますが、大勢の人が商品を選択《せんたく》していくなかで、必要でないものは淘汰《とうた》されていきます。「自分の会社が潰れるということは、世の中にとって必要ではない」ということを意味しています。

したがって、「潰れたくないならば、必要な存在になりなさい」ということです。

それは、言葉を換《か》えれば、「お役に立っている」ということでもあります。「世の中のお役に立つような企業《きぎょう》になりなさい」――この一言《ひとこと》を、常々、禅《ぜん》の公案《こうあん》のように考えることです。

毎朝、出社したら、「自分の会社は、本当に世の中にとって必要か、それとも必要ではないか。ライバルはたくさんあり、どんどん進化している。自分の会社は、本当に必要か」ということを考えてみてください。

「うちの会社は必要なのか。この製品、商品は本当に必要なのか。みんなにとって、これは必要な商品なのか。人に勧《すす》めるに足りるのか。買わせ続けることはできるのか」

もし、売上が下がり、利益が減り、経営が苦しくなっているならば、お客が逃《に》げているということであり、「必要ではない」と言われているということです。

このようなことを常に考えることは、禅の公案に取り組むようなものです。これに対して答えなければなりません。この公案一つに答え切ることができれば、経営者としては生き延びることができるでしょう。

「会社にとって必要な人間か」を自分に問いかけよ

それから、社員の立場でも、まったく同じような問いかけをすることが可能です。「あなたは会社にとって必要とされる人間か」ということです。

これも厳しい問いではありますが、会社のなかにいる人間であるならば、幹部やエリートから、一般《いっぱん》従業員、平社員であっても、同じことが言えます。

このときに、「自分はこれだけの実績をあげてきた。これだけ貢献《こうけん》した」というふうに、自分の過去の功績を自慢《じまん》することはできるでしょう。

ただ、ここで問うべきことは、「今、あなたは会社にとって必要なのか。会社を辞《や》めたら、会社のほうが困るような人間か。それとも、辞めても困らないような人間か」ということです。これを自分自身に問うのは、とてもつらいことです。

例えば、「今、私は給料を二十万円もらっているが、私の同期には四十万円ももらっている人がいる。彼が私の二倍ももらっているのはおかしい。不公平ではないか。私も四十万円にしてほしい。それが駄目《だめ》ならば、私と同期の給料を、両方とも三十万円にしてほしい」というような気持ちが出てくるのであれば、そのときに自分自身に問うことです。

あなたは必要な人間ですか。あなたが辞めたら、明日《あした》から会社は困りますか。どうでしょうか。

もし困らないならば、今、あなたがもらっている二十万円の給料は、本当はゼロでも構わないということです。本来、ゼロでもよいところを、会社から二十万円の〝補助金〟が出ているということです。

これは大変なことです。会社にいなくても困らないような人ならば、事実上、給料はタダと同じということであり、単に生活保障されているだけのことになります。

むしろ、「四十万円払《はら》ってでも会社にいてほしい」という人にならなければなりません。あるいは、「百万円払ってでも会社にいてほしい」という人にならなければなりません。

したがって、「うちの会社は本当に必要な会社なのか」「うちの商品は本当に必要な商品なのか」ということを、常に考えるとともに、「私は本当に会社にとって必要なのか。部長として必要か。課長として必要か。課員として必要か。新入社員として必要か」と、自分自身に問う必要があります。

それを問うことなく、不平不満や処遇《しょぐう》、競争、嫉妬《しっと》というようなことばかり考えている人間は、ある意味では、みなが円滑《えんかつ》に仕事することを邪魔《じゃま》しているのかもしれません。

どうか、自分に対し、そのような問いかけをしていただきたいと思います。

第4章

無限の富を生み続けるリーダーの思考

1 仕事を成功させる四つの原理

Q

会社で営業などの仕事をしている者が、仕事中も宗教的な精神を保ち続けるためには、どのようなことを心掛《こころが》ければよいのでしょうか。

営業的な仕事と宗教的精神を両立させる道

宗教というものを、非常に静かなというか、クワイエット（静謐《せいひつ》）なものとして捉《とら》えると、営業的な仕事と宗教的な精神とは、あまり合わないようにも見えます。

しかし、そのような仕事であっても、幸福の科学の基本的な教えである「幸福の原理」、すなわち、「愛・知・反省・発展」の四正道《よんしょうどう》とは、両立できる面があるのです。

まず、「人に対して愛を与《あた》えなさい」という「愛の原理」は、仕事においても大事です。

次に、「知の原理」では、知識やその〝上澄《うわず》み〟である智慧《ちえ》、奥《おく》なる智慧の大切さを説いていますが、それを仕事に生かす場面はかなりあります。

そして、仕事で失敗した場合には、「反省の原理」が十分に使えます。

もちろん、個人や社会などの向上・発展を説く「発展の原理」も使えます。

このように、基本原理である四正道は、仕事のなかにも持ち込《こ》めるのです。

相手の立場に立ち、サービス精神を発揮する

「愛の原理」との関係で述べると、営業的な仕事においては、人と接する販《はん》

売活動《ばい》が多いので、サービス精神の部分が最も大事だと思います。

それは、売上実績をあげるためだけの、見せかけのサービス精神ではなくて、相手の立場に立ったものでなくてはなりません。顧客《こきゃく》オリエンテッド（志向）の考え方でサービス精神を発揮すれば、相手の役に立つ仕事ができるでしょう。

例えば、証券会社の営業マンであれば、まったく値上がりしないことが分かっている証券を客に押《お》しつけるのは、よいことではありません。相手の立場に立って、「本当によい」と思うものを勧《すす》めなくてはなりません。

自分の全身全霊《ぜんしんぜんれい》を傾《かたむ》けて研究し、「これがよい」と思うものを相手に勧めることは、サービス精神の発揮でもあれば、実際に相手のためになることでもあるのです。

相手に与えた製品やサービスが、本当によいものであるかどうかが大事です。

業務知識を身につけ、仕事の仕方を工夫《くふう》する

「知の原理」との関係で言えば、営業活動をするに当たって、自社の製品やサービスについての業務知識がどの程度あるかが非常に大事です。

現代は専門分化のかなり激しい時代であるため、業務上の専門知識をどのくらい持っているかによって、どれだけ相手の役に立てるかが決まってくるのです。

猫《ねこ》なで声で、優《やさ》しい言葉をかけることだけが愛ではありません。相手の役に立つこと、相手が願っていること、相手が「こうしてほしい」と思っていることをサービスしなくてはならないのです。

営業の仕事ではありませんが、海外旅行者に対する観光ガイドの仕事を例にとると、英語があまりできないような人では、旅行客が迷惑《めいわく》します。

また、英語は使えても、観光地の建物や場所、行事などについての知識を持っていないガイドも困ります。それでは相手に不満感を与えます。

営業の場合もこれと同じです。専門技能に精通していることや、相手が必要とするものを、必要なときに提供できることが大事なのです。

それから、仕事能力を上げていくためには、常日ごろ、自分の仕事の仕方をよく振《ふ》り返り、「この点を改めればよいのではないか」と思う部分を改良していく精神が必要です。

それは、「知の原理」であると同時に「反省の原理」でもあり、また、「発展の原理」にもつながっていきます。

このように、本当に相手のためになることをいつも考えていれば、仕事と宗教精神とは両立するのです。

「精神統一」で霊的《れいてき》エネルギーを充電《じゅうでん》して仕事に臨《のぞ》む

忙《いそが》しく働き、いつも誰《だれ》かと話をしている人の場合は、若干《じゃっかん》、心が波立ったり、ザラザラしたりするのは、やむをえない面もあります。

そういう人は、家に帰ってから、精神統一の時間を取るとよいでしょう。

また、幸福の科学の精舎《しょうじゃ》や支部では、研修やセミナー、祈願《きがん》など、さまざまな行事を行《おこな》っていますが、そういう行事に参加することは一種の充電《じゅうでん》です。霊《れい》的《てき》なエネルギーが〝バッテリー〟に充電されるのです。

そうすると、それが一カ月ぐらい持《も》ちます。やがてエネルギーが枯《か》れてきたならば、再び行事に参加して充電する。こういうかたちで、霊的エネルギーを充電し続けることができます。

自宅で精神統一をしたり、自己反省をしたりすることも大事ですが、それだけでなく、当会の行事に参加して霊的エネルギーを充電し、宗教性を高めて、再び仕事に戻《もど》ることも大事なのです。

2 無限の富を引き寄せる考え方と仕事とは

Q

「富についての悟《さと》り」をお訊《き》きしたいと思います。私は富を引き寄せたいと思って、いろいろ自分の心の持ち方を変えようとするのですが、なかなか明るい気持ちを維持《いじ》することができません。どのようにして、明るい心境を維持し、富を引き寄せていけばよいのでしょうか。

すべてを「成功の種」と考え、向上を目指していく

実を言えば、私は幸福の科学をつくるために、一円も使っていないのです。今から三十年以上前に会社を辞《や》めたとき、教団をつくる資本金にしようと思っ

て、独身にもかかわらず、退職金や貯金を三、四百万円は持っていました。しかし、幸福の科学を始めて何年かたってから預金通帳が出てきて、「あれ? 私は、こんなにお金を持っていたんだ」と言ったぐらいです。

そのお金はまったく使うことなく幸福の科学を始めて、ここまで大きくしました。すでに、会社で言うと、おそらくかなりの規模の大企業《だいきぎょう》の総資産に当たるぐらいのものを持っている教団になっていると思います。

これをどうやって成し遂《と》げたかということですが、『Think Big!《スインク ビッグ》』（幸福の科学出版刊）の「あとがき」にも書いてありますが、「Think Big!」（大きく考える）ということです。それから、Be Positive《ビー ポジティブ》（積極的であれ）ということ。常に積極的に考えるということが、非常に大事だったと思います。さらに、Be《ビー》 Constructive《コンストラクティブ》（建設的であれ）ということです。

世の中のことは、悪いほうに取ろうと思えば、いくらでも悪く取ることはできます。けれども、すべてを「成功の種にならないか」と考えていくことです。

それから、めげてもめげても、立ち直る速度を速くしていくことです。「失敗した」と思っても、「ただでは起きないぞ」「この失敗から何かをつかんで上がっていくぞ」と考えることです。

また、常に仕事に何かプラスアルファを見いだして、何かをつけ足し、よりよくしていこうと努力していると、周りにちゃんと伝わっていきます。例えば経営者なら経営者が、「今日よりも明日《あす》、明日《あした》よりも明後日《あさって》、今年より来年を、もっともっとよくしていこう」と思って発信し続けていたら、必ず他の人に伝わっていきます。

ですから、明るく、建設的で、積極的な考え方を持ちながら、そうやって向上を目指していれば、必ず大きくなっていくし、それは必ず収入の増加を伴《ともな》うものです。

人の役に立つ仕事をしていれば、富は必ず集まってくる

個人においても会社においても、収入をあげたければ、要するに、富を引き寄せたければ、他の人へのサービスをよくしていくことです。「自分」という観点から言えば、自分の魅力《みりょく》を増していくこと、他の人を惹《ひ》きつける魅力を持つということです。

とにかく、人のために役に立つことをしたら、お金は貯《た》まることになっているのです。お金が逃《に》げていくということは、人のためにならないことをしているということです。人の役に立つことをやっていて、それがどんどん積み増していくというか、もっともっと役に立つようになっているようだったら、絶対にお金持ちになっていきます。

それに、目標を設定すれば、さらにいいかもしれません。自分で目標を貼《は》り

出して、これに向けて、Think Big. Be Positive. Be Constructive. と考えながら努力していれば、必ずお金持ちになっていきます。

他の人の役に立つ仕事をしていて、世に認められないということは、絶対にありません。それから、他の人の役に立つ仕事でも、同じことだけ繰《く》り返すのではなく、さらによくしていこうと常に考えていれば、絶対に大きくなる。富も大きくなれば、仕事も大きくなる、組織も大きくなるということ。これが永遠の真理です。

「人の役に立つ仕事をする」ということだけをいつも考えていれば、どんな業種でも、絶対に成功できると思います。

例えば、今は公務員のようなところは、仕事の成果が収入に関係ないとおっしゃるかもしれません。しかし、今、国は税金を上げようとしていますが、公務員のサービスがもっとよくなれば、もっとスムーズに税金を上げられるかもしれません。あるいは上げなくても、もっと民間が活性化して、結果的に税収が上がる可能性だってあるわけです。

ですから、どの世界においても、この考え方は一緒《いっしょ》です。人の役に立つことをやること。相手が願っていることを一生懸命奉仕《いっしょうけんめいほうし》すること。これさえ心掛《こころが》けていれば、すべてはよい方向に循環《じゅんかん》します。

富は循環し、そして、必要な人のところに集まってきます。富は、その人に任せておけば、もっとよい循環が起きるような人のところに必ず集まってくるようになっています。これを信じることが大事だと思います。

絶対に大丈夫《だいじょうぶ》です。「富、無限」です。間違《まちが》いありません。

3 経営を発展させるただ一つの法則

Q

福井県《ふくい》は、橋本左内《はしもとさない》をはじめ、幕末に活躍《かつやく》した明治維新《いしん》の志士たちを生んだ県でもあります。私は食品会社を経営していますが、企業《きぎょう》経営を頑張《がんば》っている仲間たちと連携《れんけい》を取って、企業の輪をつくり、広げ、福井から日本に経済発展のうねりを起こしていきたいと考えています。五十代半《なか》ばを過ぎた自分ですが、今後、一企業として、どのような点に注意し、何を進めるべきか、ポイントをお教えいただければと思います。

「お客様の幸福」を考えること

福井県は意外に会社がたくさんあって、社長も多いということですが、日本を代表するような経営者がそれほどいるわけではないと思います。小さい会社はたくさんあるのでしょうが、もう一段、力のある人が出てくる必要があると思うのです。そういう方が、まず何人か先頭を切って出てきて、自分の会社を大きくすることで、全体を引っ張っていくことができるだろうと思います。「一人が国を興《おこ》し、一人が国を潰《つぶ》す」とも言われていますから、会社でも同じです。

会社を今以上に大きくする基本的な法則は一つです。「お客様のためを考えること」、この一点なのです。「できるだけ多くのお客様に幸福になっていただきたい」ということを、自分の事業を通して実践《じっせん》すること。それを受け入れられたときに、会社は大きくなるのです。それ以外の技術的なものは別の問題で、基本的には、多くの顧客《こきゃく》に支持を受けたものは必ず成長するのです。

成長しないということは、支持が一定のところで止まっているということです。多くの人に支持を受けるものをつくって、福井県を超《こ》えて他の県からも支持を受けるようになれば、全国的な規模の企業ができてくるわけです。

福井から偉大《いだい》な財界人や経済人が出てきたら、それに続く方もきっと出てくると思います。そういう人が、今、求められているのではないでしょうか。

「自分たち中心」が会社を潰《つぶ》す

ポイントは、先ほど言ったように「顧客重視」、これ一つです。顧客重視とは何かということを知りたければ、基本的には、役所のやっていることの反対をやればいいと考えて構いません。役所、もしくはそれに近い経営体が本能的にすることの反対をすれば、だいたい顧客重視に当たると思って結構です。

私は、飛行機をよく利用しますが、空港で某《ぼう》航空会社の待機部屋を使わせてもらったときに、そこの会社の営業部の方が、あとで私の秘書に電話をかけてきて、「入れるのは四人までと内規で決まっています。おたくは五人連れてきたでしょう」とクレームを入れてきたことがあります。ほかの部屋は、実は、ガラガラで客は入っていませんでした。

「満員なので困ります」というなら分かります。ガラガラで空《あ》いているのに、「一人余分に入れただろう、内規では四人なので、それ以上来てはいけない」と言うなら、客に来るなと言っているようなものです。余った一人は、外で待機しなければいけないのです。それで、「財政再建のため、国から税金を投入してもらわないと潰《つぶ》れる」と言うのはおかしいのではないでしょうか（注。その後、補助椅子《いす》が置かれて五人とも座《すわ》れるようになり、サービスが改善した）。

だいたい、役所に近づいていくとそういうふうになってきて、お客様のほうが見えなくなるのです。たとえて言えば、そんなことがあります。

やはり、商品を買ってくださる方や、サービスを利用してくださる方の気持ちを常に考えることが大事なのです。どの部屋もガラガラで空いているのに「四人に決まっています」などと答えるのではなく、部屋が空いていたら入れてあげたらいいのです。そんなことは当たり前で、サービスでも何でもありません。

そういうことをしていながら、経営不振《ふしん》に陥《おちい》って、「国の税金がたくさん要《い》る」とか、「大勢をレイオフしたり、クビにしたりしなければいけない」などというのなら、はっきり言って経営がなっていません。

根本《こんぽん》は一つなのです。自分たち中心で、「自分たちで決めたことや考えたことは全部正しい」と思って変える気がない人たちは、赤字をつくったり、不況《ふきょう》をつくったり、会社を潰したりするのです。

こういう考え方は、何度言われても、自分の会社に関しては、なかなか信じないものです。よそ様について言われると「そうかな」と思うのですが、自分の会社について「お客様重視になっていませんね」と言われても、納得《なっとく》しないのです。納得しない理由は、自惚《うぬぼ》れがあるからです。「自分のところの商品やサービスはいい」と自惚れるので、なかなか聴《き》かないのです。

基本的には、「お客様が会社を大きくしてくださるのだ」という思想を持っていれば間違《まちが》いありません。お客様の支持を受ければ、必ず大きくなります。ホテルを潰すのだって簡単です。リピーターの客が来なければ潰れますが、リピーターが来続けてくれたら大きくなります。それだけのことです。

厳しい現実は、何かを教えてくれている

人生は厳しいけれども、ある意味で、「教えてくださっている」ということです。好況や不況、あるいは、会社の成長や倒産《とうさん》も、厳しい現実であるけれども、そこに何か、教えてくれているものがあるということを知らないといけません。

この法則を知らないで、単に、「補助金だけばら撒《ま》く」というような財政政策を取ると、政府が赤字になって、今度は政府のほうが潰れることになります。だから、自分たちで原因をつくっているものについては努力するべきで、その本質は、多くの顧客に支持してもらうということにあります。これ一本しかないということです。

私たちも、「何とか、できるだけ多くの人たちに必要とされる幸福の科学で

ありたい」と思っています。気をつけないと、生産者サイドというか、つくるほうの側が自己陶酔《とうすい》して、「これは最高だ」と思って押《お》しつけてしまうのですが、何か間違いがあれば、反省して、改善を繰《く》り返していく努力をしなければいけないと思います。

会社を経営で大きくする方法はそれ一つ、「顧客の支持を拡大すること」、これしかありません。常に、お客様のことを考えておくことです。寝《ね》ても覚めても考え続けることです。

（ここで、質問者が「今日は店を休みにして来ました」と言葉を挟《はさ》んだ）

では、その分は、明日《あした》以降、また頑張りましょう。今日学んだことを活《い》かして、明日以降、一段と笑顔とサービスで頑張ればいいと思います。

勉強も大事です。ときどき内容をよくしていかないと、新しい発想や気づきがないので、不況期には特に、企業経営者たちは勉強しなければいけません。

勉強の時間は、決して無駄《むだ》ではありません。

今日は店を閉めて、お客様に対しては申し訳ないことをしたかもしれませんが、その分は明日以降、十分にお返しください。

4　人々は感動を求めている

Q

私は、これまでの人生で小さな奇跡《きせき》を積み重ねてきたと感じています。今後、それにとどまらず、事業経営の成功など、大きな奇跡も呼び込《こ》みたいです。そのための心構えについて教えてください。

目標管理の目的は現状維持《いじ》ではない

事業経営で気をつけるべき点に、目標管理についての考え方があります。現状維持《いじ》をすることが、目標管理ではありません。例えばユニクロのような大企業《だいきぎょう》でも、「店舗《てんぽ》を幾《いく》つ出す」となったら、「売上高はこれだけ増やす」などの目標をつくって、「利益はこれだけ出す」などと打ち出しています。

実際に、社長がそれぞれの店舗で営業しているわけではないのですが、例えば百店舗出したら、売上は幾ら増やして、利益を幾ら増やす、と考えて、一店舗当たりで割ると、このくらい売る必要がある、という数字が出てきます。

それを達成すべく、新しい店舗を営業しますが、現状維持を目指して過去の成果と比較《ひかく》して百パーセントになるようにだけやっていたら、これは目標管理としては低すぎます。目標管理をしても発展しない、というかたちになります。

実際に発展のための目標があって、それを達成するようにやっていくのであれば、目標管理としてはよいのです。けれども、現状維持のための目標管理にしてしまってはいけません。それだと、市役所や町役場、村役場などと変わらなくなります。

二〇一五年の夏には、公務員が町おこしで革命を起こそうとするドラマ「ナポレオンの村」も放映されました。そのなかで主人公が「役人というのは、役に立つ人なんだ」と言っていました。公務員に対しても、世間《せけん》はそう思っているということでしょう。

「必要なものをつくる」だけでは足りない

会社で働いていたり、事業を起こしていたりする方が、これから先、生き残っていくため、そして、事業をさらに大きくしていくために、必要な考え方があると思います。

物がない時代や、経済発展が十分ではない時代には、「必要なものをつくれば売れた」わけです。つまり、みなが必要とするものを見つけて、それをつくって売ればよかったのです。けれども、これからの時代は、そうはいきません。

日本経済で言えば、過去二十五年間、ＧＤＰ（国内総生産）がだいたい五百兆円で止まっているのです。二十五年間伸《の》びないというのは、けっこう珍《めずら》しいことです。

日銀はゼロ金利をやっています。銀行金利はゼロではないけれども、低いです。とっても低い（注。二〇一六年二月からは、マイナス金利政策も導入された）。長らく金利は低いのですが、投資意欲がなく、新規の事業が伸びていきません。まことに不思議な状態が二十五年続いていて、これは何かが抜《ぬ》けていると思うのです。

それは、「必要なものを満たす」という、従来の工業や商業の活動によってでは、経営発展、あるいは、経済の発展が見込めないという視点です。

日本では、必要なものは一通り、もう満たされているのです。これからのものは、その上を行かなければいけません。

その上を行くものは何か、と言いますと、「必要なものをつくって供給する」

という考えではなくて、「人々に感動を与《あた》えるものを供給する」ということなのです。感動を与える商品、感動を与えるサービスを供給することで、マーケットが大きくなっていくわけです。

満たされた時代に必要な「感動」

幸福の科学の支部を例に挙げると、支部ができることによって、周りに住んでいる方々や、支部を訪《おとず》れる方々に感動を与えることが大事です。

もちろん、本を読んでいただいたり、ビデオを観《み》ていただいたりすることによって感動を与えることもできるでしょうけれども、人と話をして感動を与えることもできます。それから、もちろん、研修などで感動を与えることもできます。いずれにしても、やはり感動を与えていただきたいのです。それも、霊《れい》的《てき》な覚醒《かくせい》につながる感動を与えていただきたいと思っています。そうすれば、支部は、弾《はじ》けたように大きくなるでしょう。

ですから、今の日本経済に足りないのは「感動」だと思うのです。感動を起こそう、ということを大事にしていただければ発展します。自分の仕事も発展し、会社の仕事も発展します。

繰《く》り返しますが、キーワードは「感動」です。今必要なものはだいたい満たされています。それ以上のものが要《い》るのだ、ということです。支部でも、幸福の科学に出会って、その人にどんな感動を与えられるかということを、みなで考えていただきたいのです。それが大事だと思います。

また、幸福実現党の立候補者がいらっしゃれば、その人が出てくることで、どういう感動を周りに与えることができるかを、みなで考えていただきたいと思います。その人の持ち味や発想、打ち出し方などで、いかなる感動を人に与えることができるかを考えていただきたいのです。そういうものは、必ず、人々が必要とするものになってくるわけです。

「感動」と「喜び」を与《あた》えるものは何かを考え続ける

例えば、私もみなさまに感動を与《あた》えるために、今日の服装は緑で統一してきています。分かりますでしょうか（会場拍手《はくしゅ》）。靴《くつ》まで緑で統一しているのです。緑でまとめるというのは、今日がどしゃぶりの雨だったら、全然、面白《おもしろ》くないコーディネートですが、晴れると読んで緑を用意しているのです。感動を与えるためには、ちょっとした気配りや努力は要るのです。

この上着の外側は緑ですが、実は裏側も緑です（会場笑）。本来は見せないところではありますけれども、女性のためにチラッと見せますが、こういうふうに、隠《かく》されたところに感動がなければいけないわけです。

これで人は、「また東京正心館《しょうしんかん》（＊）に来てみようかな」「博多《はかた》からでも出て

（＊）幸福の科学の精舎。本節のもとになる質疑応答はここで行われた。

こようかな」と、こう思うわけです。「この次は緑ではないだろう。何だろう」と考えさせられれば、これも一つの感動につながります。

ささやかな例で申し上げましたけれども、とにかく、いろいろな宗教があり、活動や人を呼び込むものはいろいろあります。人々に「感動」、あるいは「喜び」を与えるものは何か、ということを考え続けることが大事です。そうした新鮮《しんせん》さを与えれば、やはり、多くの人々の目に留《と》まってくると思うのです。

それをキーワードにして、考えていただければ幸いです。

5　成功を長く続けるための「三福《さんぷく》」の思想

Q 私は、無限の富を引き寄せて多くの方を幸福にできる大富豪《だいふごう》を目指しています。
一般《いっぱん》の人と大富豪では、思いの持ち方や考え方に何か違《ちが》いはあるのでしょうか。
また、大富豪の信仰《しんこう》生活のなかで、絶対に外せないポイントとは何でしょうか。

大富豪《だいふごう》とは「大勢の人を船で渡《わた》したい」人

それは、思いの強さの違いでしょう。

その思いの強さは何かと言うと、結局、「自分一人がボートに乗って漕《こ》げばいい」「あるいは、「自分や自分の家族が何とかなればいい」と思っている人と、

「できるだけ大きな筏《いかだ》なり、大きな船をつくって、大勢の人を乗せて、向こう側に渡《わた》したい」と思うかどうかの違いでしょう。

一般の人は、自分のボートが泥船《どろぶね》でなくて、沈《しず》まずにちゃんと向こう岸に着けたら、それで十分、あるいは、家族が乗れたら十分だと思っています。これが普通《ふつう》の人の負っている義務です。

しかし、大富豪《だいふごう》は、昔の言葉で言えば、「大きな筏に大勢を乗せたい」、今の言葉で言えば、「大きな船で渡したい」という希望を持っている人たちです。

この違いが一つあります。

「福を惜《お》しむ心」の大切さ

そして、大富豪の信仰生活で「絶対、外してはいけないこと」は何でしょうか。

お金が儲《もう》かり始めると、それが面白《おもしろ》くなってきます。しかし、その面白くなっていくときに、もう一度原点に帰って、「三福《さんぷく》（惜福《せきふく》・分福《ぶんぷく》・植福《しょくふく》）の説」を思い出していただきたいのです。

お金が儲かってくるということは、要するに、福が自分についてくるわけです。そのときにはまず、自分に入ってきた富の一部を惜《お》しむ「惜福」が大事です。

「一時金が入ってきたから、これをバッと、難波《なんば》（大阪《おおさか》の歓楽街《かんらくがい》）で使っちゃおうか」という思いが出てきても（会場笑）、それをグッと抑《おさ》えて、「いや、待てよ。今後まだ、投資しなければいけないものや、寄付したいことがある。一晩でパッと散らしたいところを、ここはグッと我慢《がまん》して、近くの喫茶《きっさ》店に行って終わりにしよう」というのも惜福です。

子供にもパッと何か買い与《あた》えてやりたいところを、「学校に受かってからにしようか」ということだって惜福かもしれません。

このように、「福を惜しむ心」を持っていなければいけません。

よいことが起きたら、「おすそ分けの気持ち」を

また、「分福」といって、自分が運よくいろいろ儲かったり収入が入ってきたりしたときに、「ああ、自分一人のものにしてはいけないんだ」と考え、他の人にも、その恵《めぐ》みを少しずつおすそ分けすることです。

昔で言うと、何かお祝いごとがあったときに料理をいっぱいつくったら、隣《となり》近所にもおすそ分けするようなことがありましたが、ああいうことは分福です。自分に何か、他の人にあらざるようないいことが起きたら、それを少しおすそ分けしようとする気持ちを持つことです。

あるいは、お金や物でなくても、成功するための考え方をお分けするということでもいいと思います。自分の会社が成功したら、「こういうことでうまく

いった」「こういうことをしたら、リピート客が増えるようになった」「こういう挨拶《あいさつ》や接客の仕方をしたらすごくよくなった」など、成功談の一部を話してあげることです。

普通の人は、「なぜ成功したか」は隠《かく》したいものです。ずっと隠したまま、死ぬまで持っていきたいところですが、それを他の人にも教えてあげるのは「分福」に当たります。

「植福《しょくふく》の気持ち」があると、成功が長く続く

さらに「植福《しょくふく》」とは、「自分の儲かったものを全部自分だけのものにしないで、その一部を世の中にお返しししたり寄付したりする」ということです。

これは匿名《とくめい》であってもいいし、多少は知られてもいいと思います。アメリカのほとんどの企業《きぎょう》でも、利益のうち一パーセントぐらいを寄付するぐらいのこ

とは、みなやっています。また、政治家や大統領などになっていくような人もみな、本人もしくは奥《おく》さんなどが、休日や夜に何らかの奉仕《ほうし》活動をするなど、自分の時間や労力、お金などいろいろなものを、自分の本業と関係のない公共のところに差し出していくということをやっています。そういうところは大事だと思います。

儲かったら儲かったなりに、少しずつそうやって、縁《えん》があったところへ寄付していく気持ちは持っておいたほうがいいでしょう。自分が信仰している宗教もあるでしょうけれども、ほかのものにまで、それが及《およ》ぶ場合もあるでしょう。

そのように、「お金が貯《た》まったら、それをいろいろないいことのために使いたいな」という気持ちを持っていると、その成功が長く続くということは言えると思います。

ですから、成功者になった場合、絶対忘れてはいけないのは、この「三福の思想」を繰《く》り返し思い返すこと。これだけ忘れなければ、成功は続いていく可能性が高いと言ってもいいと思います。

宗教も具体的な公益活動を見せる義務がある

成功は、一時的なものにならないようにすることが大事です。

一時的にバーッと成功して、あっという間に倒産《とうさん》するというのはよくあるケースです。ものすごく有名になり、大金持ちになったかと思ったら、その何年か後に、「あの人はどうなったか」と調べたら、「こんなに大変な状態になっていました」と分かることがあります。

最近であれば、大金持ちになって、拘置所《こうちじょ》に入るというのもよくあるケースです。ただ、これは世間《せけん》に対する見せしめも入っています。「ほかが儲からないで、みな苦しんでいるので、濡《ぬ》れ手に粟《あわ》で儲かったような人を捕《つか》まえてきて拘置所に放り込《こ》むと、みながスカーッとする。だから、そういった人を捕まえる」ということをやっています。

幸福の科学も、できるだけいろいろなところに活動の幅《はば》を広げるようにしています。自分たち自身が活動していくためにもお金が必要ではありますが、少しずつ、いろいろな関連活動をやっています。子供に勉強を教える事業や、あるいは不登校児や障害を持つ人を救う活動もしています。海外でも、津波《つなみ》や地震《じしん》の被害《ひがい》を受けた人を助けるなど、いろいろなことをやっています。

そういう心掛《こころが》けを少し持っておくことが大事です。世間の人は具体的な行動でしか判断ができないことがあるので、そういうところをお見せすることです。あなたは幸福の科学の教団にも寄付をされると思いますが、教団としては、その寄付されたものを、ちゃんと公益活動に使っているところを見せる義務があるだろうと思うのです。

この「三福」を忘れなければ、成功は間違いなしです。

6 「無欲の大欲」が大きな理想を実現する

Q

明治維新《いしん》の志士たちのように、大きな理想を実現するには、どのような心掛《こころが》けが必要でしょうか。

「素直《すなお》な心」が無限のパワーを引き出す

自力《じりき》というものは、他力《たりき》と呼応するときには、非常に大きな働きをします。

しかし、頑張《がんば》ってはいても、自力が「自助努力」ではなく「自我力《じがりき》」になって、無理、歪《ゆが》みが生じ、心が狭《せま》くなったり、心に曇《くも》り、執着《しゅうちゃく》をつくったりすると、自我の殻《から》ができてしまいます。そうなった場合は、天上界《てんじょうかい》からの霊的《れいてき》支援《しえん》としての他力があまり働かなくなります。

このように、自分では「一生懸命《いっしょうけんめい》やっている」と思っていても、自助努力とは少し違《ちが》った自我力に陥《おちい》り、七転八倒《しちてんばっとう》して苦しんでいる場合がよくあるので、そうしたときには、「神仏の光が仕事をする」ということについて考えなくてはならないのです。

頑張れば頑張るほど、素直《すなお》さ、透明《とうめい》感が出てくるようにしなくてはなりません。無我《むが》になり、天上界に向けて心を開いていると、常に神仏の光の供給があるのです。

西郷隆盛《さいごうたかもり》の偉業《いぎょう》を支えた「無欲の大欲」

なかには、「無我という言葉を聞くと、何となく力が出なくなります」と言う人もいますが、それは無我についての理解が違うのです。

「無我」の反対は「自我」です。あるいは、「偽我《ぎが》」と言ってもよいでしょう。要するに、「自分」という殻があまり強くなりすぎると、神仏の光が降りてこなくなるのです。

したがって、大きな理想を持っている人は、己《おのれ》を空《むな》しくする必要があります。そうした人ほど、大きな理想が実現できるのです。

これを「無欲の大欲」といいます。大欲を持っている人は、個人的な面では無欲であることが多いのです。

それは過去の偉人《いじん》を見れば分かります。例えば、イエスにどのような個人的欲があったでしょうか。

また、明治維新の志士たちもそうです。西郷隆盛《さいごうたかもり》は個人的には何の欲もない人ですが、田舎《いなか》に引っ込《こ》んでじっとしていたかといえば、そうではありません。実に大きな仕事をしています。

したがって、大欲はあるのです。ただ、その大欲のほかに自分の個人的欲がないわけです。

個人的な面で無欲であればあるほど、大きな仕事ができ、大きな理想が実現できます。

無我は、このように理解すべきなのです。

神仏と一体になると、他力《たりき》の応援《おうえん》が必ずある

自我が強い人は、神仏の理想実現のための手足にはなれません。

しかし、自我を抑《おさ》え、「あくまでも、神仏の光を受け、それを流していく存在として自分があるのだ。『神仏の光が仕事をする』というのは、『自分を通じて神仏の光が現れてくる』ということなのだ。神仏の手足、細胞《さいぼう》として、自分は仕事をしているのだ」と常に思っていると、自分ならざる力が湧《わ》いてきます。

例えば、他の人と話をしているときに、「あれ、これは自分の言葉だろうか」と思うような、光の言葉が出てくることがあります。

また、「自分はもっと弱い人間だと思っていたのに、なぜこんなに自信と勇気が湧いてくるのだろうか」「自分はそれほど頭のよい人間ではなかったはずなのに、なぜか智慧《ちえ》が湧いてくる」などと、不思議に思うこともあります。

大きな理想を実現するには、この世的な努力も必要ですが、それだけではなく、天上界への扉《とびら》を閉《と》ざさないようにし、常に神仏の光の供給を受けながら生きなくてはなりません。

天上界から神仏の光の供給を受けている人は、例えば伝道をしても効果が早く、相手の心の開き方がまったく違います。相手の心が実によく開くのです。

ところが、伝道を単なるセールスのようにやっていると、相手の心はなかなか開きません。なぜなら、それは自我力でやっているのであって、神仏の光が仕事をしているのではないからです。

神仏と一体になっているときには、他力の応援《おうえん》が必ずあります。それに感謝しつつ、さらに精進《しょうじん》していくという、この繰《く》り返しが大事なのです。

あとがき

仕事ができる人はいい。何らかの面で社会の役に立っているし、家族の幸せのためにも、いく分か貢献《こうけん》できているだろう。

しかし、仕事ができて、さらに、人物としても練《ね》れてくるなら、一層、申し分《もうぶん》のない成功といえるだろう。

本書では、ビジネスマンたちの陥《おちい》りやすい罠《わな》をどう切り抜《ぬ》けるかを論じつつも、個人として、組織人として、どう「世界愛」を築いていくかに言及《げんきゅう》している。

意外にシンプルな考え方の中に、数多くのヒントが潜《ひそ》んでいる。たとえば、人は環境《かんきょう》や他人が変われば、自分はもっと幸福にもなれるし、成功できると考えがちである。しかし本書は、「自分の能力が変化すれば必ず環境も変化する」と論じている。六十余年の実体験から来た実感である。

まずあなた自身を変えよ。言い訳を重ねても、未来は拓《ひら》けないのだ。

二〇一八年　五月二十三日

幸福《こうふく》の科学《かがく》グループ創始者兼総裁《そうししゃけんそうさい》　大川隆法《おおかわりゅうほう》

本書は月刊「ザ・リバティ」（幸福の科学出版刊）掲載の左記の質疑応答をとりまとめ、加筆したものです。タイトルは、掲載時と異なるものもあります。

第1章　情報洪水から智慧をつかみ出す習慣

1　将来の夢を描く方法……………………………二〇一四年九月号
2　意志が弱いからこそ習慣をつくる……………二〇一五年三月号
3　自家発電できる自分になるには………………二〇一四年九月号
4　「情報」を「智慧」に変えるには……………二〇一四年二月号
5　忙しい人ほど孤独の時間を持とう……………二〇一〇年十月号
6　若手の経営者に必要な勉強とは………………二〇一〇年四月号

第2章　チームで成果を出すための人間関係学

1　上司に対する不満を成果に変えるには………二〇〇〇年五月号
2　流す涙の分だけ、リーダーの器は大きくなる…………一九九九年二月号

3 「攻めの人」と「守りの人」の生かし方……………二〇〇一年十一月号
4 「優しさ」と「厳しさ」をブレンドして人を育てる……一九九九年八月号

第3章 リーダーをつくる心の鍛練法
――『感化力』講義……………二〇〇八年一月号〜八月号

第4章 無限の富を生み続けるリーダーの思考
1 仕事を成功させる四つの原理……………二〇〇〇年一月号
2 無限の富を引き寄せる考え方と仕事とは……二〇一三年二月号
3 経営を発展させるただ一つの法則……………二〇一三年四月号
4 人々は感動を求めている……………二〇一六年四月号
5 成功を長く続けるための「三福」の思想……………二〇一三年五月号
6 「無欲の大欲」が大きな理想を実現する……………一九九八年三月号

『人格力』関連書籍

『太陽の法』（大川隆法 著　幸福の科学出版刊）
『幸福の法』（同右）
『希望の法』（同右）
『復活の法』（同右）
『創造の法』（同右）
『未来の法』（同右）
『智慧の法』（同右）
『大川隆法　初期重要講演集　ベストセレクション②』（同右）
『世界を導く日本の正義』（同右）
『感化力』（同右）

『Think Big!』（同右）
『硫黄島　栗林忠道中将の霊言　日本人への伝言』（同右）

人格力《じんかくりょく》　――優しさと厳しさのリーダーシップ――

2018年 6 月 7 日　初版第 1 刷
2023年 8 月28日　　　第 4 刷

著　者　　大《おお》 川《かわ》 隆《りゅう》 法《ほう》

発行所　　幸福の科学出版株式会社

〒107-0052 東京都港区赤坂 2 丁目 10 番 8 号
TEL(03)5573-7700
https://www.irhpress.co.jp/

印刷・製本　株式会社 堀内印刷所

落丁・乱丁本はおとりかえいたします

ISBN978-4-8233-0005-9 C0030
カバー, 帯, p.19, p.71, p.97, p.167 SFIO CRACHO/shutterstock.com
p.16, p.17 alphaspirit/shutterstock.com ／ p.18, p.19 Y Photo Studio/shutterstock.com
装丁・イラスト・写真（上記・パブリックドメインを除く）© 幸福の科学

大川隆法ベストセラーズ・経済危機を乗り越えるために

希望の経済学入門

生きていくための戦いに勝つ

不況期でも生き残る会社、選ばれる人はいる！ 厳しい時代だからこそ知っておきたい、リストラや倒産の危機から脱出するための秘訣。

1,650円

減量の経済学

やらなくてよい仕事はするな

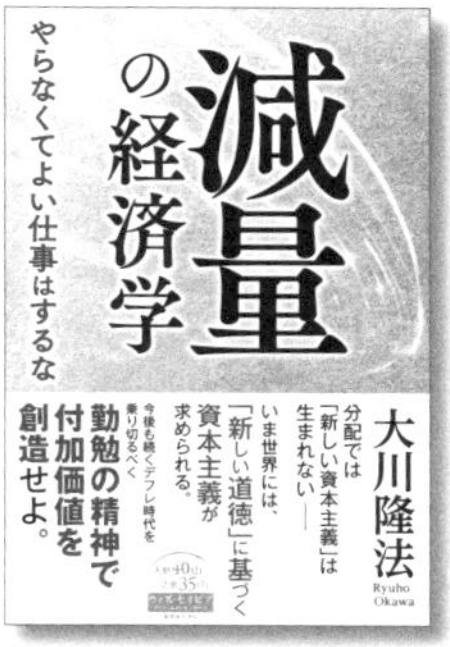

バラマキや分配では未来はない。今こそ勤勉の精神を取り戻すとき――。仕事や家計、政府の政策の“無駄”を見極める、本当の「新しい資本主義」を提言。

2,200円

資本主義の未来

来たるべき時代の「新しい経済学」

なぜ、いくら金利を下げても日本経済は成長しないのか？ マルクス経済学も近代経済学も通用しなくなった今、「未来型資本主義」の原理を提唱する！

2,200円

著作3100書突破! 大川隆法ベストセラーズ・地獄の真実を知る

法シリーズ
第29巻

地獄の法

あなたの死後を決める「心の善悪」

詳細は
コチラ

どんな生き方が、死後、天国・地獄を分けるのかを明確に示した、姿を変えた『救世の法』。現代に降ろされた「救いの糸」を、あなたはつかみ取れるか?

第1章　地獄入門
―― 現代人に身近に知ってほしい地獄の存在

第2章　地獄の法
―― 死後、あなたを待ち受ける「閻魔《えんま》」の裁きとは

第3章　呪いと憑依
―― 地獄に堕ちないための「心のコントロール」

第4章　悪魔との戦い
―― 悪魔の実態とその手口を明らかにする

第5章　救世主からのメッセージ
―― 地球の危機を救うために

2,200円

小説 地獄和尚《おしょう》

「あいや、待たれよ。」行く手に立ちはだかったのは、饅頭笠《まんじゅうがさ》をかぶり黒衣に身を包んだ一人の僧だった――。『地獄の法』著者による書き下ろし小説。

1,760円

幸福の科学グループのご案内

宗教、教育、政治、出版などの活動を通じて、地球的ユートピアの実現を目指しています。

幸福の科学

一九八六年に立宗。信仰の対象は、地球系霊団の最高大霊、主エル・カンターレ。世界百六十九カ国以上の国々に信者を持ち、全人類救済という尊い使命のもと、信者は、「愛」と「悟り」と「ユートピア建設」の教えの実践、伝道に励んでいます。

（二〇二三年八月現在）

愛

幸福の科学の「愛」とは、与える愛です。これは、仏教の慈悲《じひ》や布施《ふせ》の精神と同じことです。信者は、仏法真理をお伝えすることを通して、多くの方に幸福な人生を送っていただくための活動に励んでいます。

悟り

「悟り」とは、自らが仏の子であることを知るということです。教学《きょうがく》や精神統一によって心を磨き、智慧《ちえ》を得て悩みを解決すると共に、天使・菩薩《ぼさつ》の境地を目指し、より多くの人を救える力を身につけていきます。

ユートピア建設

私たち人間は、地上に理想世界を建設するという尊い使命を持って生まれてきています。社会の悪を押しとどめ、善を推し進めるために、信者はさまざまな活動に積極的に参加しています。

海外支援・災害支援

幸福の科学のネットワークを駆使し、世界中で被災地復興や教育の支援をしています。

毎年２万人以上の方の自殺を減らすため、全国各地でキャンペーンを展開しています。

公式サイト **withyou-hs.net**

自殺防止相談窓口

受付時間　火～土:10～18時（祝日を含む）

TEL **03-5573-7707**　メール **withyou-hs@happy-science.org**

視覚障害や聴覚障害、肢体不自由の方々と点訳・音訳・要約筆記・字幕作成・手話通訳等の各種ボランティアが手を携えて、真理の学習や集い、ボランティア養成等、様々な活動を行っています。

公式サイト **helen-hs.net**

入会のご案内

幸福の科学では、大川隆法総裁が説く仏法真理《ぶっぽうしんり》をもとに、「どうすれば幸福になれるのか、また、他の人を幸福にできるのか」を学び、実践しています。

入会

仏法真理を学んでみたい方へ

大川隆法総裁の教えを信じ、学ぼうとする方なら、どなたでも入会できます。入会された方には、『入会版「正心法語《しょうしんほうご》」』が授与されます。

入会ご希望の方はネットからも入会申し込みができます。

happy-science.jp/joinus

三帰《さんき》誓願《せいがん》

信仰をさらに深めたい方へ

仏弟子としてさらに信仰を深めたい方は、仏《ぶっ》・法《ぽう》・僧《そう》の三宝《さんぽう》への帰依を誓う「三帰誓願式」を受けることができます。三帰誓願者には、『仏説・正心法語』『祈願文《きがんもん》①』『祈願文②』『エル・カンターレへの祈り』が授与されます。

幸福の科学 サービスセンター
TEL 03-5793-1727
受付時間／火～金:10～20時　土・日祝:10～18時（月曜を除く）

幸福の科学 公式サイト
happy-science.jp

ハッピー・サイエンス・ユニバーシティ
Happy Science University

ハッピー・サイエンス・ユニバーシティとは

ハッピー・サイエンス・ユニバーシティ（HSU）は、
大川隆法総裁が設立された「日本発の本格私学」です。
建学の精神として「幸福の探究と新文明の創造」を掲げ、
チャレンジ精神にあふれ、新時代を切り拓く人材の輩出を目指します。

人間幸福学部　経営成功学部　未来産業学部

HSU長生キャンパス TEL **0475-32-7770**
〒299-4325 千葉県長生郡長生村一松丙 4427-1

未来創造学部

HSU未来創造・東京キャンパス
TEL **03-3699-7707**
〒136-0076 東京都江東区南砂2-6-5 公式サイト **happy-science.university**

学校法人 幸福の科学学園

学校法人 幸福の科学学園は、幸福の科学の教育理念のもとにつくられた教育機関です。人間にとって最も大切な宗教教育の導入を通じて精神性を高めながら、ユートピア建設に貢献する人材輩出を目指しています。

幸福の科学学園

中学校・高等学校（那須本校）
2010年4月開校・栃木県那須郡（男女共学・全寮制）
TEL **0287-75-7777** 公式サイト **happy-science.ac.jp**

関西中学校・高等学校（関西校）
2013年4月開校・滋賀県大津市（男女共学・寮及び通学）
TEL **077-573-7774** 公式サイト **kansai.happy-science.ac.jp**

仏法真理塾「サクセスNo.1」

全国に本校・拠点・支部校を展開する、幸福の科学による信仰教育の機関です。小学生・中学生・高校生を対象に、信仰教育・徳育にウエイトを置きつつ、将来、社会人として活躍するための学力養成にも力を注いでいます。

TEL 03-5750-0751（東京本校）

エンゼルプランV

東京本校を中心に、全国に支部教室を展開。信仰をもとに幼児の心を豊かに育む情操教育を行い、子どもの個性を伸ばして天使に育てます。

TEL 03-5750-0757（東京本校）

エンゼル精舎

乳幼児が対象の、託児型の宗教教育施設。エル・カンターレ信仰をもとに、「皆、光の子だと信じられる子」を育みます。
（※参拝施設ではありません）

不登校児支援スクール「ネバー・マインド」

TEL 03-5750-1741

心の面からのアプローチを重視して、不登校の子供たちを支援しています。

ユー・アー・エンゼル！（あなたは天使！）運動

障害児の不安や悩みに取り組み、ご両親を励まし、勇気づける、障害児支援のボランティア運動を展開しています。

一般社団法人 ユー・アー・エンゼル
TEL 03-6426-7797

NPO活動支援

学校からのいじめ追放を目指し、さまざまな社会提言をしています。また、各地でのシンポジウムや学校への啓発ポスター掲示等に取り組む一般財団法人「いじめから子供を守ろうネットワーク」を支援しています。

公式サイト mamoro.org　ブログ blog.mamoro.org
相談窓口 TEL.03-5544-8989

百歳まで生きる会～いくつになっても生涯現役～

「百歳まで生きる会」は、生涯現役人生を掲げ、友達づくり、生きがいづくりを通じ、一人ひとりの幸福と、世界のユートピア化のために、全国各地で友達の輪を広げ、地域や社会に幸福を広げていく活動を続けているシニア層（55歳以上）の集まりです。

【サービスセンター】TEL 03-5793-1727

シニア・プラン21

「百歳まで生きる会」の研修部門として、心を見つめ、新しき人生の再出発、社会貢献を目指し、セミナー等を開催しています。

【サービスセンター】TEL 03-5793-1727

幸福実現党

内憂外患《ないゆうがいかん》の国難に立ち向かうべく、2009年5月に幸福実現党を立党しました。創立者である大川隆法党総裁の精神的指導のもと、宗教だけでは解決できない問題に取り組み、幸福を具体化するための力になっています。

幸福実現党　党員募集中

あなたも幸福を実現する政治に参画しませんか。

＊申込書は、下記、幸福実現党公式サイトでダウンロードできます。
住所：〒107-0052
東京都港区赤坂2-10-8 6階 幸福実現党本部

TEL 03-6441-0754　FAX 03-6441-0764
公式サイト hr-party.jp

HS政経塾

大川隆法総裁によって創設された、「未来の日本を背負う、政界・財界で活躍するエリート養成のための社会人教育機関」です。既成の学問を超えた仏法真理を学ぶ「人生の大学院」として、理想国家建設に貢献する人材を輩出するために、2010年に開塾しました。現在、多数の市議会議員が全国各地で活躍しています。

TEL 03-6277-6029
公式サイト hs-seikei.happy-science.jp

大川隆法　講演会のご案内

大川隆法総裁の講演会が全国各地で開催されています。講演のなかでは、毎回、「世界教師」としての立場から、幸福な人生を生きるための心の教えをはじめ、世界各地で起きている宗教対立、紛争、国際政治や経済といった時事問題に対する指針など、日本と世界がさらなる繁栄の未来を実現するための道筋が示されています。

2022年7月7日 さいたまスーパーアリーナ
「甘い人生観の打破」

2019年7月5日 福岡国際センター
「人生に自信を持て」

2019年10月6日 ザ ウェスティン ハーバー キャッスル トロント(カナダ)
「The Reason We Are Here」

2011年3月6日 カラチャクラ広場(インド)
「The Real Buddha and New Hope」

2019年3月3日 グランド ハイアット 台北(台湾)
「愛は憎しみを超えて」

講演会には、どなたでもご参加いただけます。
最新の講演会の開催情報はこちらへ。⟹

大川隆法総裁公式サイト
https://ryuho-okawa.org